日本史のなかの横浜

五味文彦著　有隣堂発行　有隣

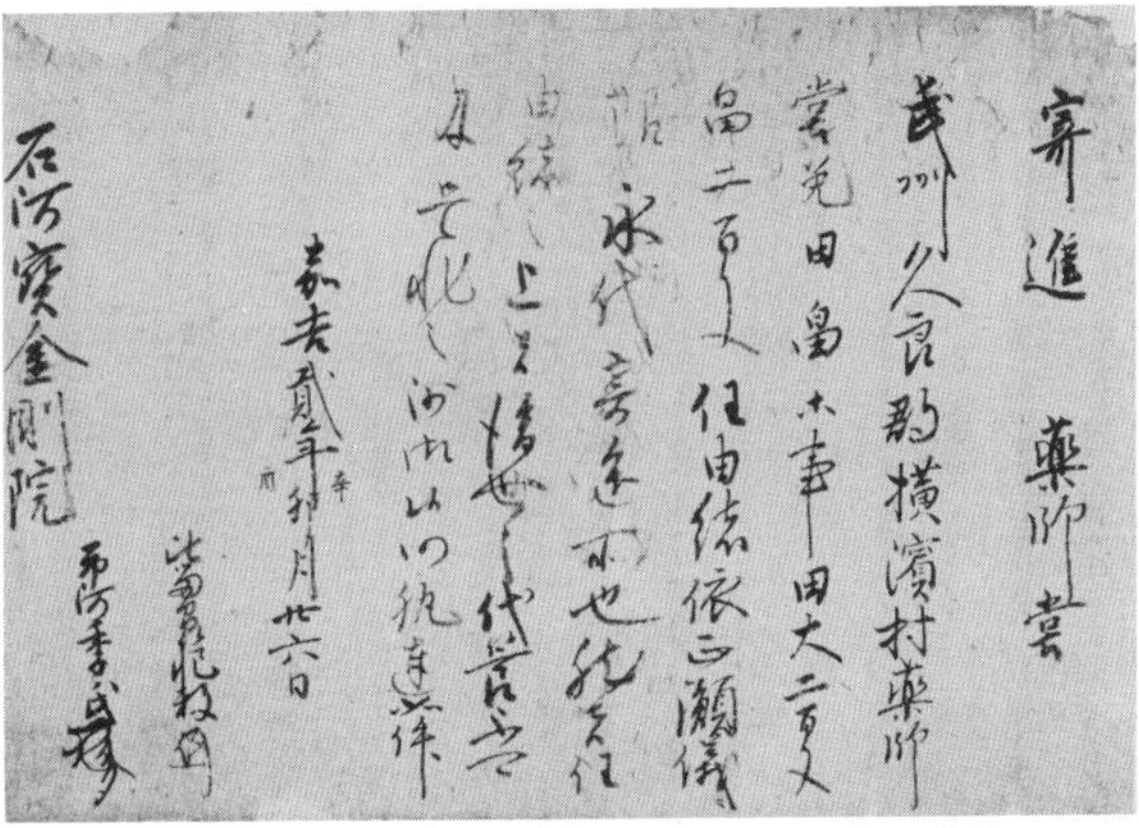
寄進　薬師堂
武州久良郡横濱村薬師
堂免田畠之事　田大二百文
畠二百文

嘉吉貳年壬戌十月廿六日

石河寶金剛院

市川季氏（いちかわすえうじ）・比留間範数（ひるまのりかず）連署寄進状（複製）
1442年（嘉吉2）　横浜村が最初に現れる文書　宝生寺蔵、横浜市歴史博物館提供

はじめに

縁あって神奈川県に住まいを求め、横浜市が歴史博物館を開館するにあたりその展示構想委員となったことから、横浜の歴史を本格的に考えるようになった。横浜といえば、一般に開港以後からのことと思いがちであるが、歴史博物館であればそれだけではすまされない。また横浜市や神奈川県の文化財保護にも関わるようにもなったことから、古代から近代にいたるまでのトータルな横浜の特質を探る必要に迫られた。

どうして横浜が今日のように発展するに至ったのか、本書はその試みであり、「日本史のなかの横浜」の歴史の流れを明らかにすることを目指している。そのためにはこれまで日本史学で使用されている時代区分を踏まえつつも、新たな時代区分を用いる必要があると考えた。従来の時代区分は次のようなものである。

原始　未開から文明へ
古代　律令国家の時代
中世　武士政権の時代
近世　幕藩制国家の時代

これでは大まかな流れを捉えられても、過去の時代と今の社会とがどのように繋がっているのかが明らかにはならない。奈良時代や平安時代、鎌倉時代など政治・政権の動きに注目した区分もまた同様である。その時間幅があまりに大きすぎて、今日との歴史的なつながりがよく見えてこないのである。

そこで対外関係史や環境学、人類学・考古学など長期的なスケールで考える学問との協業をも視野に入れるならば、それらと共通する時間軸を設定すべきであろう。もちろんこの試み自体はこれまでに行われてきている。西暦の一〇〇年刻みの変化に注目して通史叙述が行われたのはその一例である。しかし西洋世界との関連が深くなった近・現代の動きを探るのであるならばともかく、日本列島に即した歴史を把握するのにはあまり成功していなかったように思う。

とはいえ西洋に発する時間軸に用いられてきた、切りのよい一〇〇年には注目したい。一〇〇年といえば、人生でいえばほぼ三世代にわたるので、それなりに納得がゆく年数である。実際、物の見方や考え方はほぼ一〇〇年ごとに変化してきていることがわかってきた。日本列島に即して見てゆけば、西暦の六七年・六八年あたりを画期とした一〇〇年ごとの変化が見えてくることから、次のような年表が生まれる。

1　五七　倭奴国、漢に朝貢　弥生時代後期
　二六六　倭の女王、晋に使者派遣　古墳時代前期
2　三六九　百済、七支刀を倭に送る　古墳時代中期
　四七七　倭の武王、宋に朝貢　古墳時代後期
3　五七二　敏達天皇即位　飛鳥時代

Ⅱ　律令制の導入
4　六六七　天智称制　律令体制　古代Ⅰ
5　七六七　道鏡政権　律令体制の変容

Ⅲ　兵から武士へ
6　八六六　摂政藤原良房　摂関時代　古代Ⅱ
7　九六九　摂政藤原実頼　後期摂関政治
8　一〇六八　後三条天皇即位　院政時代　中世Ⅰ

Ⅳ　武家政権と東アジア世界の流動
9　一一六七　平清盛太政大臣　武家政権
10　一二六八　蒙古の国書到来　東アジア世界の流動　中世Ⅱ
11　一三六八　応安の半済令　公武一統

Ⅴ　下剋上と大名権力
12　一四六七　応仁の乱の開始　　戦国時代の到来　　近世Ⅰ
13　一五六八　織田信長の上洛　　全国統一政権
Ⅵ　近世・近代
14　一六六七　東・西周り海運の完成　　近世社会の成熟　　近世Ⅱ
15　一七六七　田沼政治の展開　　近代国家の胎動
16　一八六八　明治維新　　国民国家

この年表に沿って横浜市域の歴史を日本史のなかに位置づけて探ってみることとする。各時代にどのような動きがあり、どんな考えからその動きがもたらされたのかを見てゆこうと思う。さらにその考えがその後の歴史にどんな影響を与えたのか、今にどうつながっているのかも示したい。

ただ一〇〇年ごとの変化では、なかなか捉えられない時期もある。その一つが縄文・弥生時代であって、この時代には文献が全くなく、時間のスケールも長すぎるので、本書では触れないことにする。また古墳時代についても文献が少ないのでここでは二〇〇年ごとの変化として考えることにした。

もう一つは江戸時代以降で、こちらは文献は多くあるものの、多すぎるばかりか、一〇〇年という時間のスケールで捉えるのはやや困難であり、とても本書のような新書判で扱うのは難しい。ただ幸いにも横浜市域の村や町は戦国時代にほぼ姿を現しており、その後へと多くが継承されていったので、江戸時代以降については見通しを記すに止めたい。

これまで横浜市域については、大部の『横浜市史』（横浜市編）や図版の豊かな『横浜　歴史と文化』（横浜市ふるさと歴史財団編）という先行する書物があるので、その成果を踏まえて横浜の歴史の流れを通観してゆくことにしよう。

《目次》

V　村の成長と大名権力

Ⅰ　未開から文明へ

弥生時代後期の環濠集落跡　都筑区大原遺跡　（公財）横浜市ふるさと歴史財団埋蔵文化財センター提供

一　王と国づくり

国々の王

二〇〇〇年前の日本列島の事情を中国の歴史書『後漢書』東夷伝が次のように記している。

建武中元二年、倭の奴国《わなこく》。貢を奉り朝賀す。使人自ら大夫と称す。倭国の極南界なり。光武、賜《たま》うに印綬を以《もつ》てす。

「倭の奴国」が建武中元二年（五七）に漢に朝貢したので、光武帝が倭の奴国の国王に印綬を賜ったという記事であり、この倭国についてさらに詳しく記しているのが『魏志』倭人伝である。

倭人は帯方の東南大海の中に在り。山島によりて国邑《ゆう》をなす。旧百余国。漢の時朝見する者あり、今、使訳《しやく》、通ずる所三十国。

日本は倭国と称され、そこには一〇〇余国があって、漢との間には三〇国ばかりが交渉をもっていたという。先の『後漢書』の東夷伝はこの記事を踏まえて「国、皆王を称し、世々統を伝う。その大倭王は邪馬台国に居る」と記し、国々では皆が「王」と称していたという。

「王」とは中国風表現であって、大陸文化との接触を通じて自らの存在を国の王と称するようになったのであろう。その王たちが並び立つなか幾つかのグループが生まれ、そのなかで倭国の中心となったのが邪馬台国を構成する国々であり、『魏志』倭人伝はこの国との交渉を詳しく記している。

倭国に至るまでの地理や風俗について記した後、その交渉について詳しく語っていて、正始元年（二四〇）には魏の使者が倭国に赴いて「倭王」に拝したといい、詔書や印綬のほか、金帛や錦・刀・鏡などを倭王に賜ったと記す。

その国、本《もと》また男子を以て王となし、住《とど》まること七・八十年、倭国乱れ、相攻伐《こうばつ》すること歴年、乃《すなわ》ち共に一女子を立て王となす。名づけて卑弥呼《ひみこ》と曰《い》ふ。

邪馬台国は内乱によって卑弥呼が女王に立てられ、その女王は「夫婿《ふせい》なく、男弟有り、佐《たす》けて国を治む」と、夫はおらず弟が補佐にあたっていたという。倭国ではかつて卑弥呼の父が王、あるいはそれに近い存在により男子が王に立てられたところ、それでは国が治まらず、女子が立てられてその弟が補佐にあたったということになる。

また「女王の都する所」として「官に伊支馬《いきま》あり、次を弥馬升《みましょう》と曰ひ、次を弥馬獲支《みまかくき》と曰ひ」と記し、邪馬台国の政務をとる官が伊支馬で、それに続くのが弥馬升と弥馬獲支であったという。このように基本は王を中心とした共同統治が行われ、国が乱れたときなどには女王が立てられ、それを弟などが補佐していたのである。

弥生時代の後期

中国の史書が語るこの時代の倭は、考古学的年代では弥生時代後期に相当する。弥生時代の後期は、一世紀半ば頃から三世紀の半ば頃まで続いており、そのうちの五七年に倭の奴国が印綬を漢の光武帝から与えられたということになる。

たまたまその「漢委奴国王《かんのわのなのこくおう》」の金印が博多湾の志賀島から江戸時代に発見された。本物かどうかが疑われたが、同様な蛇の鈕《つまみ》をもつ印が中国の雲南省でも発見され、真実性が明らかとなった。この奴国の故地と考えられているのが福岡平野の中心部にある須玖岡本《すくおかもと》遺跡群であり、その遺跡から見つかった大石の下の甕棺《かめかん》からは、前漢鏡が二〇余り、銅剣が四本出土している。

果たしてこれらが漢の国から与えられたものなのか、あるいは交流品として得たものなのか、さらには他の国から貢がれたものなのかといった点は明らかでないものの、かの墓は五七年をややさかのぼる時期の王墓であろうと見られている。

奴国の隣にあったと『魏志』倭人伝が記す「伊都国」の中心地と考えられているのが、博多湾南の怡土《いと》平野にある三雲・井原遺跡群で、そのうちの三雲南小路《みくもみなみしようじ》遺跡からは大量の漢鏡や銅剣・玉類など豪華な副葬品をともなう墓が時期を連続して造られており、前一世紀から二世紀ごろまで継続して造営されていたことが明らかとなっている。

伊都国にいたる前には末盧《まつら》国があり、その前は海を隔てて「一支《いき》国」であったというのだが、ここは壱岐島の原《はる》の辻《つじ》遺跡と見られている。弥生中期から環濠が台地の裾を楕円形に巡らされ、環濠内は約二四万平方メートルにも及び、中期から後期にかけて無紋土器、楽浪土器、三韓土器や銭など中国や朝鮮からの文物が出土、環濠の外からは水田の畦が検出され、西北には船着場も存在している。倭人伝の「方三百里あり。竹木・叢林多く、三千ばかりの家あり。やや田地あり。田を耕せども猶《なお》食するに足らず」という記述に見合うものである。

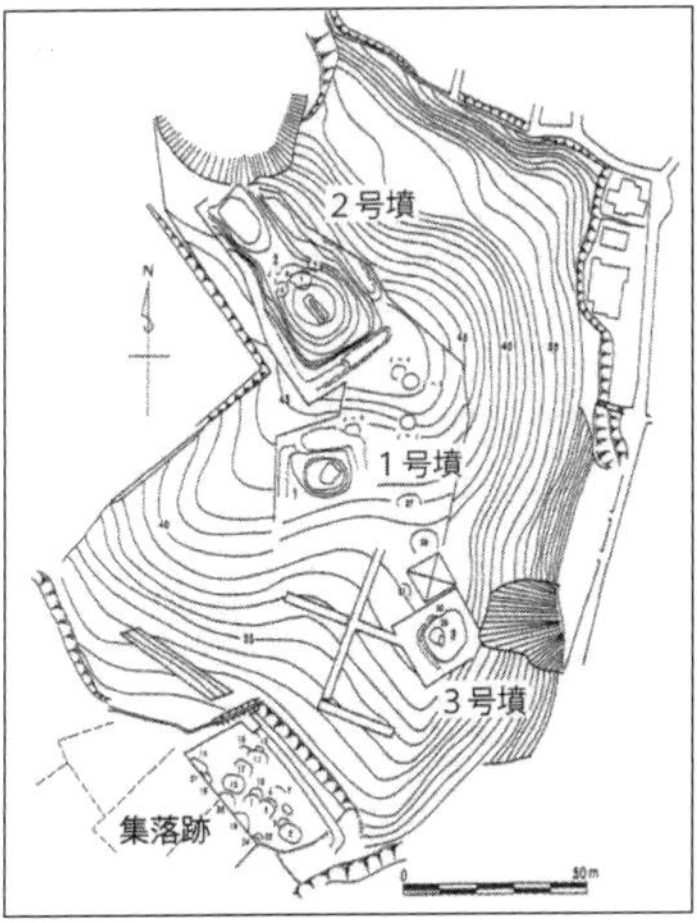

I・1　戸塚区東野台古墳群　（公財）横浜市ふるさと歴史財団埋蔵文化財センター提供

ではこの時期の横浜市域の事情はどうであろうか。都筑区の権田原《ごんたっぱら》遺跡は、他の遺跡では弥生時代の後期になって環濠集落が小さくなりその発展が認められていないのに対して、大原遺跡、北川貝塚の弥生遺跡、北川表《きたがわおもて》の上《うえ》遺跡と連続して環濠集落が形成されている。また戸塚区の東野台古墳群でも弥生時代の後期からの集落遺跡があり、古墳時代にいたると、前方後方墳が形成されてくる。さらに古墳時代にかけて、鶴見川上流域で青葉区の稲荷前古墳群、大岡川中流域で南区の殿《との》ケ谷《やと》古墳群が出現してくる。

　これらが横浜地域の初期の王や国の遺跡であったと見てよいであろう。

古墳時代の到来

　西暦二六六年、倭の女王が西晋の武帝に使者を派遣して朝貢した、と『晋書《しんじょ》』武帝紀に見える。その内容がどんなものかは明らかでなく、その後の記事も見えないが、この時期の前後から日本列島では前方後円墳の時代が始まっており、そのことと関連があるかもしれない。

　三世紀後半から奈良盆地の纏向《まきむく》や吉備《きび》の津寺・加茂、筑紫の比恵、那珂などの集落に各地から土器が運ばれてきており、それとともに奈良盆地では箸墓・西殿塚・桜井茶臼山・メスリ山古墳など墳丘の長さ二〇〇メートルを超える古墳が続々と築かれるようになっており、同じ頃に横浜市域でも大型古墳が現れた。矢上川下流域の日吉・加瀬古墳群（港北区・川崎市）と鶴見川上流域の大場・市ヶ尾古墳群（青葉区）である。

　前者には観音松古墳と加瀬白山古墳という八〇メートルを超える規模の二つの前方後円墳があって、多摩川の対岸にある蓬莱山《ほうらいさん》古墳や亀甲山《かめのこやま》古墳に次ぐ規模をなし、銅鏡や玉、鉄製品を出土している。後者の三八メートルの稲荷前一六号墳は前方後方墳である。

列島に広く分布する前方後円墳はほぼ同じような形をとり、どの方向からも仰がれるように高く造られている点で王墓としての特徴をよく備えている。頂上が平坦に造られ、裾部から頂までは高く造られ、斜面の勾配は二五度以上の急勾配をなし、築造時には葺き石が敷かれて登ることができないようになっている。大型の前方後円墳の周りには小型の前方後円墳や円墳・方墳などが造られていることも多い。

こうした特徴をもつ前方後円墳の広がった古墳時代は、三世紀から四世紀にかけてを前期、四から五世紀にかけてを中期、五世紀後半から六世紀にかけてを後期と三区分されているが、この時代の大陸では秦漢帝国という巨大コスモス（宇宙）が滅んで、その周辺にミクロコスモスが生まれていた。同じ時期に高句麗を始めとして朝鮮半島でも特徴的な大型墳墓が成立し、日本列島でもそのミクロコスモスの形成へと動いていたのである。

前方後円墳の特徴が王墓として築かれた点をよく物語るのは、『魏志』の倭人伝が、卑弥呼が亡くなった時、「大いなる冢《つか》を作る。径百余歩、徇葬する者、奴婢《ぬひ》百余人」と、王墓が築かれたと記していることである。墳墓には始原としての権力がそこに表現されていた。

しかし単に王の力を誇示するものではなかったろう。地域の人々が見上げる形をとるのであるから地域統合を示すものであり、周辺との交流を経ながら地域に蓄積された力をまとめる権力がつくりあげられてゆき、しだいに地域的権力から統一的権力へと向かったのである。すなわち前方後円墳には王の力の誇示と地域統合のシンボルという二面の性格があった。

東国統治の物語

前方後円墳の時代に日本列島は大和の王権に統合されてゆくが、『日本書紀』はそれについての幾つかの神話（物語）を記している。崇神《すじん》紀（以下、『日本書紀』からの引用は、天皇名に紀をつけて記す）一〇年七月条には崇神天皇が「群卿《ぐんけい》」（有力豪族）に次のように命じたとある。

民を導く本は教化《おしえおもぶ》くるに在り。今し既に神祇を礼《いやま》ひて、災害皆つきぬ。然《しか》れども、遠荒《とおきくに》の人等、猶《なお》し正朔《せいさく》を受けず、是れ未だ王化に習はざるのみ。其れ群卿を選び四方に遣し、朕が憲《のり》を知らしめよ。

民を導き教化するためには王化（王の教化）を進める必要があるとして、群卿のなかから使者を選んで四方に派遣し、従わない者がいたならば兵により討つように命じたというのである。九月には北陸道に大彦命《おおひこのみこと》、東海道に武渟川別命《たけぬかわわけのみこと》、「西道」（山陽道）に吉備津彦命《きびつひこのみこと》、「丹波」（山陰道）に丹波道主命《たんばみちぬしのみこと》ら四道将軍を派遣し平定を遂げたという。崇神紀四八年には豊城命《とよきのみこと》（豊《とよ》城入彦命《きいりひこのみこと》）と活目命《いくめのみこと》（垂仁天皇）を召して、活目命を皇太子となし豊城命には東国を治めさせ、豊城命が「上毛野君《かみつけののきみ》・下毛野君《しもつけののきみ》の祖」となったと記す。

景行天皇の景行紀二五年に武内宿禰《たけのうちのすくね》を遣わして北陸・東方諸国を視察させたところ、九州の熊襲《くまそ》が叛いたので、二七年に皇子の日本武尊《やまとたける》を遣わして熊襲征討にあたらせ、次いで四〇年には東の蝦夷《えみし》が叛いたので、その征討も日本武尊を向けることとし斧と鉞《まさかり》を授けて赴かせている。日本武尊は伊勢神宮に参って叔母の倭姫命《やまとひめのみこと》から草薙剣《くさなぎのつるぎ》を授かり、東に向かって駿河に赴いた時、賊に狩に誘われた野で焼かれそうになったが、燧《ひうち》をとりだし迎え火によって敵を焼き殺した。これが焼津という名の起こりという。

さらに相模から上総に渡る時には暴風に見舞われたが、弟橘媛《おとたちばなのひめ》が入身御供になって入水したことから暴風は鎮まり、こうして陸奥国《みちのくのくに》に入ったが、戦わずして蝦夷を平定し、日高見国から常陸を経て甲斐・信濃両国を経て尾張国に戻った。さらに近江国へ出向いたところ、胆吹《いぶき》山《やま》の荒神に祟られて身体不調に陥り、そのまま伊勢国に入ったが、能褒野《のぼの》において病によって亡くなってしまったという。

崇神天皇による四道将軍の派遣に始まる諸国平定の物語は、この日本武尊の武力征圧によって完成を見たことになるのであり、日本武尊は景行天皇の分身であって、その活躍が英雄時代の話として語られたのである。

景行紀五五年、豊城入彦命の孫の彦狭島王《ひこさしまおう》が東山道一五か国の都督に任じられたが、赴く途中の春日の穴咋邑《あなくひのむら》で亡くなったため上毛野国に葬られ、それに代わって彦狭島王の子の御諸《みもろ》別王《わけおう》が景行紀五六年に蝦夷を討ったというが、この上毛野氏の本拠地である群馬県の古墳時代の様相を見ておこう。
前橋市に所在する前橋八幡山古墳と前橋天神山古墳は、ともに四世紀に築造され、墳丘長が一三〇メートルに及び、後者からは中国伝来の船載鏡が五面出土している。五世紀初頭になるとその南西一〇キロほどの高崎市の倉賀野地域に拠点が移ったと見え、墳丘長が一七一・五メートルの浅間山《せんげんやま》古墳が築かれ、さらに東三〇キロの太田市には東日本最大規模の墳丘長二一〇メートルの太田天神山古墳が五世紀中葉に築かれている。
統一王権形成の動きと前方後円墳の広がりとは軌を一にしていたのである。

倭の五王

中国南朝の宋を劉裕《りゅうゆう》が四二〇年に建国したが、その歴史書『宋書』倭国伝には倭国から派遣された使者の動きが記されている。「倭国は高麗《こうらい》の東南大海の中にありて、世々貢職を修む」と始まり、次のような記事を載せている。

高祖の永初二年、詔していはく、倭の讃、万里貢を修む。遠誠宜しくあらはすべく、除授を賜ふべし。

永初二年（四二一）、倭王の讃が宋に使者を派遣し、高祖武帝から官位を与えられたという。この前年に宋が建国されると、百済《くだら》がすぐに朝貢し叙爵されているので、これに倣って倭国も使者を派遣したのであろう。その四年後の「太祖の元嘉二年」にも、「讃、また司馬曹達《しばそうたつ》を遣わして表を奉り、方物を献ず」と、司馬曹達を遣わして宋の文帝に貢物を献じたとある。

讃は朝鮮半島の三か国、特に百済に倣って宋と結ぶことを考えたのであるが、これ以後、倭の五王が宋と結ぶことになる。讃の使者が「司馬」という中国の軍官の名を称したのは、明らかに中国の秩序に入ったことを意味しており、それは日本列島統合の目処が一応ついたことをも物語っている。

讃が亡くなると弟の珍が使者を派遣し、その際に自らを使持節、都督倭・百済・新羅《しらぎ》・任那《みまな》・秦韓・慕韓の六国諸軍事、安東大将軍、倭国王と称し、それへの正式な認証を求めた。太祖はこれに対し元嘉一五年（四三八）に詔を出し、安東将軍・倭国王に任じ、さらに倭隋ら一三人に平西・征虜・冠軍・輔国将軍などの官に任じて欲しいという求めにも応じたという。

珍は讃の死の跡を継承し、安東大将軍（中国の東方を安寧にする役職）、倭国王のみならず朝鮮半島を支配する権限を与えるように求めたが、すべては認められずに安東大将軍よりやや地位の低い安東将軍に任じられ、倭国王に仕える一三人にもそれぞれの役職が認められた。

珍が配下に官爵を求めたのは、中国の官制を通じて体制の安定化をはかったからであろう。平西・征虜・冠軍・輔国将軍などの官職は、安東将軍と比較して地位がさほど低くないので、倭国王は配下の群卿と隔絶した存在ではなかった。珍は宋の冊封《さくほう》体制下に入って朝鮮半島への利権を求め、国内支配を強化しようとし動いたわけである。

冊封体制とは本来、中国の皇帝が国内の貴族や功臣に爵位や封地を与えるものであったが、それを周辺の諸国や民族にまで及ぼし、首長に爵位や官号を与え国際秩序を形成してきたのであり、珍に認められた安東将軍が官、倭国王が爵に相当する。

珍の跡をうけた倭王の済《せい》も元嘉二〇年（四四三）に宋の文帝に朝献したが、この時にも安東将軍、倭国王となされ、同二八年（四五一）には「使持節、都督倭・新羅・任那・加羅・秦韓・慕韓六国諸軍事」を加号され、さらに安東将軍の号も与えられるなど、大幅に権限が認められたほか、臣下の二三人についても軍・郡に関する称号が与えられている。

倭国王の力がしだいに認識されてきたことによるものだが、済の在世期間は短くすぐに亡くなってしまい、その「世子の興」が使を宋に遣わして貢献してくると、この興の派遣した使者に応じ、世祖は大明六年（四六二）に詔を出した。興に辺境の地をしっかり治めるように命じ、安東将軍・倭国王に任じている。このような倭からの四人の王の遣使に続く、次の倭の武の代になると事情がやや違ってくる。

統合のシンボル

前方後円墳の存在に認められる地域統合の在り方は後世にどのような影響をあたえたのであ

ろうか。仏教が伝来すると前方後円墳が消滅し、仏教寺院が各地の豪族である国造《くにのみやつこ》や郡司《ぐんじ》などによって建立されてゆくが、その際には塔が決まって建てられ、これが地域統合のシンボルになってゆく。

推古紀三二年（六二四）に「寺四十六所」であったのが、持統紀六年（六九二）には「天下の諸寺、およそ五百四十五寺」と爆発的に増加しており、この時期になると地方寺院を造営していたのが評《こおり》（郡）の司である。『出雲国風土記』には、「飯石郡少領」の出雲臣、「出雲郡大領」の日置臣、「大原郡大領」の勝部臣《すぐりべのおみ》が新造の寺院の造営者として見えており、そうした寺では多く塔が建てられている。

寺院の多くは瓦葺きであり、その瓦に大きな影響力を与えたのが川原寺《かわらでら》式の軒丸瓦《のきまるがわら》で、発掘によってこの時期に建てられた多くの寺院に使われたことから、白鳳寺院と呼称されている。その数は北の陸奥の伏見廃寺から西は肥後の興善廃寺まで六〇〇カ所以上に及ぶ。

律令体制の進展とともに地域統合のシンボルは同じ塔でも国分寺の塔に移る。聖武天皇は天平一二年(七四〇)に法華経一〇部を写し七重塔を建てるように詔を出し、翌年二月一四日に「国分寺建立の詔」を出して各国に七重塔を建て、『金光明最勝王経《こんこうみょうさいしょうおうきょう》』と『法華経』を写経して納めるように命じている。国分寺の多くは国府の周辺に置かれ、国庁とともに国最大の建築物であり、大和の東大寺が総国分寺とされ、全国統合のシンボルとされたのである。

地方の国分寺が衰退するなか、全国統合のシンボルを院政期になって新たに担ったのが、白河院が京の東に造った法勝寺《ほっしょうじ》の九重塔であって、それが南北朝期に焼失するともう再建されなくなると、代わって室町時代に足利義満によって相国寺《しょうこくじ》の七重塔が建立された。

一六世紀の戦国時代になると、塔に代わって城郭が地域統合の機能を帯びるようになるが、確かに前方後円墳と比較してみれば、その分布や巨大性、地域性、装飾性などがよく似ている。横浜市域とその周辺では小机城（港北区）・玉縄城（鎌倉市）のほか、茅ヶ崎城（都筑区）、矢上《やがみ》城（港北区）、寺尾城（鶴見区）、蒔田《まいた》城（南区）、笹下《ささげ》城（港南区）、岡津城（戸塚区）など大小の城が築かれていった。城郭には領主が居住し、古墳には死者が埋葬されるという点での違いはあるが、古墳には死者が居住していると考えるならば、やはり居住性が認められる。

では現代になるとどうであろうか。思い浮かぶのは横浜のマリンタワーであり、ランドマークタワーである。

二　文明化に向けて

統一王権の形成

横浜市域では五世紀の中ごろから日吉矢上古墳（港北区）や上矢部富士山古墳（戸塚区）など埴輪を墳丘に立てる古墳が現れ、武具や馬具が副葬品とされてくるような変化が認められる。鶴見川上流の谷本川東岸の大場・市ケ尾古墳群の朝光寺原《ちようこうじはら》一号墳では鉄製武具や多量の鉄製武器が副葬され、従来とは異なる地域首長の存在がうかがえる。

それとともに以後、一〇〇年近くにわたって前方後円墳が姿を消すが、台地上には長期にわたって営まれる集落が成立し、その竪穴住居には熱効率の高いカマドが作りつけられ、須恵器《すえき》という陶質土器が用いられるようになった。都筑区の矢崎山遺跡や東原遺跡などではともに大地の緩やかな斜面に集落が営まれ、近くには古墳があり、集落と古墳との関係がうかがえるのだが、この時期はどのような時代であろうか。

昇明二年（四七八）、倭王の武は自ら使持節・都督倭・百済・新羅・任那・加羅・秦韓・慕韓七国諸軍事、安東大将軍、倭国王と称し、宋の順帝に使者を派遣して上表した。先祖からの

Ⅰ・2　竪穴住居跡　都筑区矢崎山遺跡　（公財）横浜市ふるさと歴史財団埋蔵文化財センター提供

偉業によって、東は毛人の五五か国を、西は衆夷の六六か国を、そして北は九五か国を支配下においたことを誇り高く語り、自らは開府儀同三司《かいふぎどうさんし》と称し忠節に励んでいると述べた。「開府儀同三司」とは、「三司」こと大尉・司徒・司空と同格の官で、「府」こと官庁を開設できる資格を有していた。この武に認められたのは、使持節、都督倭・新羅・任那・加羅・秦韓・慕韓六国諸軍事、安東大将軍、倭王であるから、この時期までに倭王の全国支配達成は国際的に認められたことになる。

これに応じて五世紀末になると、畿内地域において多く造られていた大型前方後円墳が姿を消してしまい、横浜市域で前方後円墳が姿を消したのも、この動きと密接に関係していたことであろう。新たな時代が到来したのである。

倭王の武の上表文は漢文で記されており、朝鮮半島からの渡来人を活用して文字が使用されるようになっていたことがうかがえるが、さらに武が雄略天皇で、この時期に文字の使用が広く及ぶようになっていたことを裏付けたのが古墳出土の刀剣に刻まれた銘文である。

埼玉県行《ぎょう》田《だ》市の埼玉《さきたま》古墳群の稲荷山古墳の後円部からは、画文帯環状乳神獣鏡や多量の埴輪とともに鉄剣が出土し、その両面に漢字が金象嵌《きんぞうがん》で表されていた。

表には「辛亥《しんがい》の年七月中、記す。ヲワケの臣。上祖の名はオホヒコ。その児、タカリのスクネ。その児、名はテヨカリワケ。その児、名はタカヒシワケ。その児、名はタサキワケ。その児、名はハテヒ」とあり、裏は「その児、名はカサヒヨ。その児、名はヲワケの臣。世々、杖《じょう》刀人《とうじん》の首《かしら》と為り、奉事し来り今に至る。ワカタケルの大王の寺、シキの宮に在る時、吾れ、天下を左治し、この百練の利刀を作らしめ、吾が奉事の根原を記す也」とある。

被葬者の「ヲワケの臣」は、代々宮廷に「杖刀人の首」となって奉仕しており、剣の表にはその代々を記し、裏には「ワカタケルの大王」の宮がシキ（大和の磯城《しき》）にあった時、ヲワケの臣が天下を助けたので、この利刀を作らせ奉仕してきたその根原を記している。「辛亥年」は「ワカタケルの大王」が雄略天皇であることから四七一年とわかり、五世紀後半には明確に雄略天皇統治による大和政権の力が関東にまで及んでいたことがわかる。

奉事人制の展開

刀剣が出土した稲荷山古墳がある埼玉古墳群は、前方後円墳八基と円墳一基の大型古墳が今に残されていて、武蔵国最大の前方後円墳である二子山古墳、形象埴輪が多数出土した瓦塚古墳、三重の周濠を持つ前方後円墳の鉄砲山古墳、さらに将軍山古墳、愛宕山《あたごやま》古墳、奥の山古墳、中の山古墳など五世紀末から七世紀にかけて多数の古墳からなる。

畿内で大型の前方後円墳が衰退していった時期に逆に隆盛を迎えており、この地域には独自な動きがあった。ヲワケの臣のこの地域における地位は、葬られた墳墓が中心部の粘土槨ではなく礫槨《れきかく》に副葬されているので追葬されたものと考えられ、地方から派遣され宮中に奉仕していた存在であろう。

熊本県の江田船山古墳からも文字を刻んだ刀剣が発掘されているが、その古墳の墳長は六二メートルで、前方部の長さが二五メートル、後円部の直径は四一メートルあり、出土品には中国・朝鮮系の遺物が多く含まれ、鏡は神人車馬画像鏡と画文帯神獣鏡をはじめ獣帯鏡や変形四獣鏡である。

全七五字の銘をもつ銀錯銘大刀《ぎんさくめいたち》と呼ばれる直刀の棟の部分に銀象嵌で「治天下獲□□□鹵大王世、奉事典曹人名无利弖《むりて》」とあって、「獲□□□鹵大王」が稲荷山古墳から出土した鉄剣に「獲加多支鹵大王」という文字が見えたことから「ワカタケル大王」と読めることがわかり、雄略天皇に比定されている。被葬者の「ムリテ」は雄略の宮中に「典曹人」として仕えたとあるが、典曹《てんそう》は文を司る職掌である。

東西日本の古墳から同じ大王の名を記した刀剣が出土した事実は、大和王権の支配が広域に及んでいたことを示しており、東国からは武人が、西国からは文人が中央に出仕しているので、五世紀後半からの大和政権は、各地域社会の首長達を通じて宮に出仕させる人々を組織していたことがわかる。

「ヲワケの臣」は「杖刀人の首」として宮中に仕え、「ムリテ」は「典曹人」として仕えていたとあっても、彼らは地方の首長そのものではなく、首長から派遣された存在と見られる。雄略紀には「養鳥人《とりかい》」「宍人《ししひと》」「船人」などが見られることから、これらを総合して「人制《ひとせい》」として理解する考えが出されているが、稲荷山鉄剣に「吾が奉事の根原を記す」と見えることから、奉事人制と表現しよう。

彼らは後に見られる地方首長から派遣されたトネリ(舎人)やカシワデ(膳夫)の前身であり、采女《うねめ》や随身《ずいじん》、防人《さきもり》なども同様な存在の系譜上にあったものと考えられる。彼らを従えたワカタケル大王は、天下を治めたと称されていたように、有力な首長たちを組織するとともに、優勢な首長の力を削ぐことに腐心し、文明化の道を歩むなか集権化を進めていったのであろう。

雄略天皇の時代が新たな文明化の起点となったことは、『万葉集』の巻頭を飾るのが雄略天皇の歌とされていることからもうかがえる。説話集の『日本霊異記』も、最初が「雷を捉えし縁」の話で、天皇の奉事人である随身として仕えた少子部《ちいさこべ》の栖軽《すがる》の話である。

群卿と屯倉

雄略の後は清寧《せいねい》が位についたが五年にして亡くなり、清寧に皇子がいなかったため履中《りちゅう》天皇の孫顕宗《けんぞう》が立てられたが、顕宗は父を殺害した雄略を恨んでその陵墓を破壊しようと思ったといい、古墳を崇める意欲が薄れており、ここに古墳時代の終焉の近いことがうかがえる。

顕宗の在位も僅か三年で、播磨にいた仁賢《にんけん》を探して立てられると、この王の時代には国中がよく治まったと『日本書紀』は記すが、ここでも在位一一年で亡くなり、子の武烈が位についた。いずれも短命に終わったのは集権化を進めるなかでの混乱によるのであろう。

武烈が武烈紀八年（五〇六）に亡くなるともはや男子王族がいなくなり、議政官である大《おお》連《むらじ》の大伴金村《おおとものかなむら》、物部麁鹿火《もののべのあらかひ》、大臣《おおおみ》の巨勢男人《こせのおひと》らが協議し、越前にいた応神天皇五世の孫である男大迹王《おほどのおおきみ》を迎え、翌年、河内国の樟葉宮《くすばのみや》で即位させ（継体《けいたい》天皇）、武烈天皇の姉妹にあたる手白香皇女《たしらかのひめみこ》を皇后とした。継体天皇は皇女を皇后として迎えることにより国王となったのであり、畿内の豪族たちに擁立されたのである。

その継体紀七年、百済の武寧王が易・詩・書・礼・春秋を講ずる五経博士を派遣してきた。中国の高度な文明を伝えようとしたもので、以後、継続的に五経博士の派遣が行われ、文明化は新たな段階に入った。

朝鮮半島では五一四年に新羅の法興王が即位し勢力を延ばして五二〇年に律令を制定し、

五二一年に南朝の梁に入貢、五二四年には百済の聖明王《せいめいおう》も梁に入貢するなど、にわかに動きが活発となってきた。金官国が新羅に軍事的に制圧されたために、倭は五二七年（継体紀二一）に近江毛野《おうみのけの》を派遣することを定め半島に向かって出発したところ、起きたのが九州北部に勢力をもつ磐井《いわい》の反乱である。

この乱について『古事記』は筑紫君石井《つくしのきみいわい》が天皇の命に従わないので、天皇が物部荒甲《あらかひ》と大伴金村を派遣して石井を殺害させたと簡潔に記しているが、時期といい、場といい、複雑な性格を有していたことであろう。磐井の反乱が鎮圧されたことから、継体紀二二年（五二八）に磐井の子・筑紫君葛子《くずこ》は、連座による死罪を逃れるため糟屋《かすや》の地を屯倉《みやけ》として献上し、死罪を免じられたという。これが屯倉の確かな初見で、天皇の直轄領とされることになった。

継体の跡は安閑天皇が継いだが、その安閑紀元年（五三四）に武蔵の笠原直使主《かさはらのあたいおみ》と同族の小杵《おき》との間で争いが起きた。小杵は隣国の上毛野君小熊《おぐま》に支援を依頼して笠原直使主を殺そうとしている、と笠原直使主が朝廷に訴えた結果、使主が国造となり小杵は殺害された。そこで使主はお礼として橘花《たちばな》、倉巣《くらす》などの四つの地を屯倉として献上している。

橘花屯倉は律令制での橘樹郡《たちばなぐん》、倉巣屯倉は同久良郡《くらきぐん》につながるものと考えられ、北武蔵に勢力を広げた国造が横浜市域を含む南武蔵を勢力下に置くなか、同族争いを経て、南武蔵の地を朝廷に献上したものと考えられる。

首長間対立や一族の内紛に乗じて、中央政権の力が地方に及び、地方の首長を国造としてその地域の支配を認めるとともに、彼らには屯倉を中央の直轄領として献上させ、そこを通じて支配をさらに広げるようになったのである。この時期から屯倉と国造の制が全国的に広がった。

『日本書紀』に屯倉が置かれた記事が多く見え始める。なかでも安閑紀二年五月には、筑紫の穂波《ほなみ》屯倉・鎌《かま》屯倉以下、尾張国の間敷《ましき》屯倉・入鹿《いるか》屯倉、上毛野国の緑野《みどの》屯倉、駿河国の稚《わか》贄《にえの》屯倉などまとまって置かれたとある。八月には国々に犬養部《いぬかいべ》を置き、九月には桜井田部《さくらいのたべの》連《むらじ》・県犬養連《あがたのいぬかいのむらじ》・難波吉士《なにわのきし》等に屯倉の税を主掌するように命じている。

安閑天皇も早くに亡くなったので群卿が剣や鏡を奉って弟の宣化《せんか》天皇を立てると、天皇は「大伴金村大連」を大連に、「物部麁鹿火《あらかひ》大連」も大連に、蘇我稲目《そがのいなめ》を大臣に、阿倍大麻呂《あべのおおまろ》を大夫《まえつきみ》になしたという。継体天皇の時期から政界は群卿が主導権を握るようになって、大臣がその群卿を統括し、地方では国造・屯倉の制が整えられていったのである。

欽明天皇と仏教公伝

宣化天皇も四年ほどで亡くなり、手白香皇女との間に儲けた欽明天皇が五三九年に即位すると、大連には大伴金村と物部尾輿《おこし》を任じ、大臣には蘇我稲目宿禰を任じた。大伴と物部氏は天皇の親衛軍として旧勢力を代表する豪族であって、そのうちの大伴金村が失脚したので、物部氏と蘇我氏が力を振るうようになったが、なかでも稲目は娘の堅塩媛《きたしひめ》や小姉君《おあねのきみ》を妃となすなどして勢力を広げた。

蘇我氏は六世紀に新たに台頭した豪族と考えられ、朝廷の財政に関与して吉備の白猪《しらいの》屯倉の設置に関わり、渡来系の船史《ふねのふびと》に船賦《ふねのみつぎ》を管理させるなど渡来系氏族と密接な関係をもつなか、宗我部《そかべ》という部《べ》の民を所有し、朝鮮半島の文化に早くから接して文明摂取に積極的で、王族との婚姻関係を通じて最有力豪族に成長してきた。

欽明天皇が位についた年の八月に高句麗・百済・新羅・「任那」の使者が貢物を献納した。そのうちの百済の聖明王（聖王）は、新羅と結んで高句麗に対抗していたのだが、新羅の圧迫を受けて五三八年に都を熊津《ゆうしん》から南扶余《ふよ》に移し、倭に援軍を要求するなか、欽明紀六年（五四五）九月に天皇のために丈六《じょうろく》（一丈六尺）の仏像を造っている。

仏教の伝来については、歴史書『扶桑略記』が、五二二年に来朝した司馬達等《しばのたつと》（止利仏師《とりぶっし》の祖父）が大和高市郡に本尊を安置し「大唐の神」を礼拝したと伝えており、すでに倭には渡来人たちが私的に仏教をもたらし仏像や経典が伝えられていたらしいが、公の形で仏教を伝えたのは聖明王であって、仏教という先進文明を倭に伝え交流を深めようとしたのである。

仏教公伝を伝える『日本書紀』の欽明紀一三年（五五二）一〇月の記事には、百済の聖明王が使者を派遣し、釈迦仏の金銅像や経論などとともに仏教流通の功徳を賞賛した上表文を献上した、と記されている。いっぽう『上宮聖徳法王帝説《じょうぐうしょうとくほうおうていせつ》』は、欽明天皇の「戊午年《ぼごのとし》」に百済の聖明王が仏教をもたらしたとしているが、『日本書紀』の欽明天皇治世期（五四〇～五七一）に戊午の干支の年は存在せず、最も近い戊午年は宣化天皇三年紀（五三八）であり、史料の信憑性に疑問が残る。

ただ宣化天皇の紀年には疑問も多く、欽明紀六年（五四五）九月に天皇のために丈六の仏像が造られて任那に送られたとあることから、現在のところでは、五三八年説が有力視されている。この時期には倭の側に仏教を受け入れる準備が整っており、具体的な時期はともかく、仏教が六世紀の中葉には倭国に公の形でもたらされたことは疑いない。

百済王から贈られた仏像を見た欽明天皇はその見事さに感嘆し、群臣に対し、西方の国々の仏は端厳でいまだ見たことのない相貌であるが、これを拝礼すべきかどうか、と諮問したところ、蘇我稲目は西の諸国はみな仏を拝礼しており、我が国だけがこれに背くことはできない、と受け入れを勧めた。

だが、物部尾輿・中臣鎌子《なかとみのかまこ》らは、我が国の王の天下のもと天地に百八十《ももやそ》の神がいて、今改めて蕃神を拝するならば、国神《くにつかみ》たちの怒りをかう恐れがある、と反対を表明した。崇仏・廃仏の意見が二分したことから、天皇は仏教への帰依は断念したのだが、蘇我稲目には仏像を授け私的な礼拝や寺の建立を許可したので、稲目は飛鳥の小墾田《おわりだ》の家に安置し修行したという。

欽明紀一五年二月に、五経博士や医博士、易博士、暦博士の交替、採薬師や楽人《がくじん》の派遣もあり、さらに僧道深《どうじん》ら七人が来ているなど、仏教という普遍宗教、世界宗教による文明化の波は着々と日本列島に及んできたのである。

三　飛鳥の時代――文明化の進展

1　仏教と遣隋使

横浜市域の横穴墓と渡来人

六世紀後半になると横浜市域では前方後円墳が復活するとともに、横穴式石室《せきしつ》が埋葬施設として用いられるようになった。鶴見川本流南岸の鴨居古墳群（緑区）や帷子《かたびら》川下流の釜台古墳群（保土ケ谷区）のように、六世紀後半になって前方後円墳が造成されており、古墳の見られない地域にも横穴墓《よこあなぼ》が盛んに造られるようになったのである。

横穴墓は丘陵の山腹や崖面を利用して掘削して造られ、亡骸やそれを入れた棺を安置する玄室、墓の入り口から玄室にいたる羨道《せんどう》、墓前祭祀を行う墓前域などから構成され、構造は様々なタイプがあって、九州から東北地方南部までの太平洋岸に多く見られる。

横浜市域では、鶴見川流域に多くが分布し、首長墓と見られる古墳の周辺に多く展開している。ただ南部の猫川《いたち》流域の横穴墓は他とは違い、玄室の奥の壁に穴を穿《うが》って棺室を設けている。地域によって差異が認められ、前方後円墳が復活していることから見て、新たな地域的な権力としての性格がうかがえる。

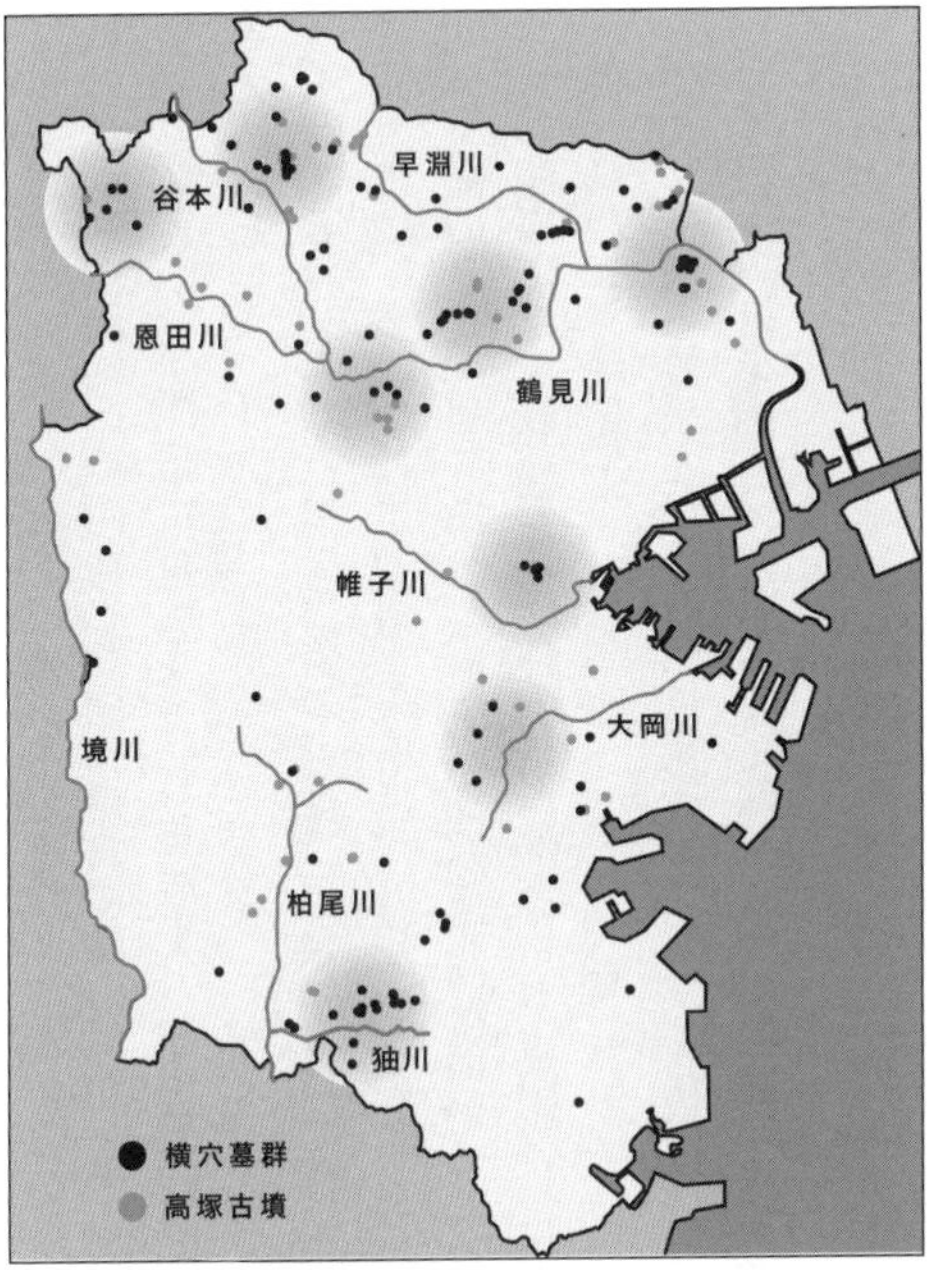

I・3　横浜市域の横穴墓と高塚古墳の分布図　（公財）横浜市ふるさと歴史財団埋蔵文化財センター提供

おそらく中央における蘇我・物部などの豪族の対立とともに、それに結びつく勢力や新興勢力が台頭し、復古的な墓制や新墓制が導入されるようになったのであろう。その新興勢力の一つとして考えられるのが渡来人である。

古墳時代の後期に始まる文明化の動きは、文字の利用に始まり、仏教の伝来とともに着手されてきたが、その動きを支えたのは朝鮮半島の百済の人々であって、屯倉の経営にも深くかかわったとみられる。瀬戸内海沿岸に置かれた白猪屯倉には百済から来た王辰爾《おうじんに》の一族の胆津《いつ》が経営に関わっており（欽明紀三〇年正月）、そうした渡来人は屯倉の形成に応じ、東国にも進出してきたと考えられる。

天智紀五年（六六六）に百済の男女二千人が東国に移住しているが、仏教説話集の『日本霊異記』には、多磨郡鴨里の吉士火麻呂《きしのひまろ》が九州防衛の防人として派遣されたとあり、吉士の姓は朝鮮半島の首長の号に由来し、渡来集団の系譜を引いている。『続日本紀《しょくにほんぎ》』神護景雲二年（七六八）六月の記事には、武蔵の橘樹郡の飛鳥部吉士五百国《あすかべきしのいほくに》が久良郡で白い雉《きじ》を捕え、朝廷に献上して褒賞されたことが見えている。

果たして彼ら渡来人がこの六世紀後半にまでさかのぼるのかは明らかでないが、何次かにわたって渡来人は東国にやってきて定住し、その開発に携わったことであろう。

排仏と崇仏と

五七一年四月に欽明天皇が亡くなると、欽明第二子の敏達《びたつ》天皇が位についたが、天皇は仏法を信じないで文学や歴史を好んだという。蘇我稲目の子馬子《うまこ》が大臣に、物部尾輿の子守屋《もりや》が大連に任じられ、崇仏、排仏派対立の再現となった。天皇の宮は蘇我氏が根拠地としていた飛鳥の小墾田宅の近くにあり、いよいよ飛鳥の地が中央政治の舞台となってゆく。

敏達紀六年（五七七）一一月に百済の威徳王が経論や律師・禅師・比丘尼《びくに》などの僧、造仏工、造寺工などを献上したので、難波の大別王《おおわけのおう》の寺に安置され、その二年後には新羅からも仏像が献上された。百済・新羅はともに仏教を国家仏教として受容していたから、倭もまた仏教信仰の国と対外的に見なされていたのである。

そうしたところから馬子は、敏達紀一三年（五八四）九月に百済からもたらされた弥勒菩薩の石像など二体の仏像を得たので、修行者を探して司馬達等の娘・善信尼《ぜんしんに》らを日本人最初の出家者となし、さらに仏殿を宅の東に造って法会を営み、石川の宅にも仏殿を設け、一四年には大野丘に塔を建て、司馬達等が得た仏舎利を納めた。

しかし再び疫病が流行し、馬子も患ったのをとらえて、物部守屋・中臣勝海《なかとみのかつみ》からは仏教崇拝が原因であると天皇に訴えが出され、大規模な廃仏が実施され、仏像の廃棄や伽藍の焼却のみならず、尼僧らの衣服のはぎ取り、鞭打ちなどが行われた。だが天皇も病に罹ったので、馬子は仏法僧の三宝《さんぽう》の力を借りなければ治らない、と天皇に申し、馬子独りが仏法を行うことが許されると、新寺院を造って尼たちを迎えるなか、その八月に天皇は亡くなる。

欽明天皇の第四皇子で稲目の娘が母の用明天皇は、位につくと神・仏ともに尊崇する立場をとり、仏教への関心が深かったという。用明紀二年（五八七）、に病気になった天皇は、「朕、三宝に帰らむと思ふ。卿等議《はか》れ」と、天皇として初めて仏教への信受「三宝帰依」を表明し、どうすべきかを群臣に諮った。

物部守屋は猛反対したものの、天皇が帰依を表明しているとして、蘇我氏は詔に従うべきであると主張して、明らかに優位に立ち、天皇の臨終の際には鞍部《くらつくりの》多須奈《たすな》が天皇のために出家して道を修め、丈六の仏像を造りたいと言ったので、天皇は悲しみ心を乱したという。

仏教の本格的な受容

用明天皇が亡くなると、欽明天皇の皇子である穴穂部皇子《あなほべのみこ》を推そうと物部守屋が兵をあげる準備をしていたことが漏れ、馬子は穴穂部皇子を討ち、その兄弟の泊瀬部皇子《はつせべのみこ》や用明天皇の皇子の聖徳太子らの諸皇子と有力豪族を味方につけ、守屋の固める河内の別業《なりどころ》（別邸）を攻めて滅ぼした。

欽明の皇女で敏達天皇の皇后であった皇太后は、詔を下して泊瀬部皇子に即位を命じ、泊瀬部皇子が即位したが（崇峻《すしゅん》天皇）、さらに崇峻紀五年（五九二年）に蘇我馬子が天皇を殺害したことから、一二月に自身が飛鳥の豊浦宮《とゆらのみや》で即位した（推古天皇）。天皇は蘇我稲目の孫であって敏達天皇から崇峻天皇までの即位に深く関わり、私部《きさいべ》といわれる部の民を有するなど経済的基盤もあったから、その大権や財力を行使し自らが即位したのである。

蘇我氏の支援した推古天皇の即位により、もはや仏教受容への反対勢力はなくなり、推古紀二年（五九四）二月に天皇は「三宝を興し隆《さか》えしむ」と宣言し、仏教に力を入れた政策を展開してゆく。天皇を支えた蘇我氏は大和の飛鳥の地に基盤を置くようになり、馬子はこの地に本格的寺院の造営に着手し、百済から仏舎利、僧、寺工、鑪盤博士、瓦博士、画工らを贈られて、「法興寺」（飛鳥寺）の建立にあたり、推古紀元年に塔が建てられ始め三年後に完成した。

推古紀一一年（六〇三）一〇月に天皇が即位した豊浦宮から飛鳥寺近くの小墾田宮に移ると、一三年四月に天皇と諸臣の共同の発願によって、鞍作鳥《くらつくりのとり》により丈六の仏像が造られ始め、高句麗の大興王からの黄金三百両により推古紀一四年に仏像が完成し金堂に安置され、飛鳥寺は王権と列島の統合を象徴するものとなった。

他方で推古紀一五年の二月には神祇を拝《おが》みまつるべしという詔を出し、皇太子や大臣、百寮《もものつかさ》を率いて神祇を礼拝しており、神祇にも力を入れたのは仏教興隆に快く思わない群臣や国造らへの対応と見られる。しかし天皇の仏教興隆により推古紀三二年（六二四）には「寺四十六所」もあったという。

この推古天皇の時代になると、中国から直接に文物を輸入し文明化を加速する方向へと進んでゆくが、その倭国の文明化の加速を推進したのが聖徳太子であった。推古紀元年（五九三）四月に、「厩戸豊聡耳皇子《うまやどのとよとみみのみこ》を立てて皇太子としたまふ。よりて政を録摂《ふさねつかさど》らしめ、万機を以ちて悉《ことごと》く委《ゆだ》ぬ」と、甥の厩戸皇子《うまやどのみこ》（聖徳太子）を皇太子として万機を補佐させたとある。蘇我氏と強い血縁関係にあって、蘇我氏とともに推古天皇を支えたのである。

遣隋使と十七条の憲法

『日本書紀』には、厩戸皇子の事績が異例なほどに詳しく記されている。推古紀元年（五九三）、厩戸皇子は物部氏との戦いの際の誓いを実行し、摂津国難波に四天王寺を建立したのを始めとして、その二年後、高句麗から渡来した僧彗慈《えじ》から、隣国の隋が官制の整った強大国であり、仏法を篤く保護していることを聞いて、遣隋使の派遣を考えるようになり、推古紀八年（六〇〇）に初めて遣隋使を派遣したという。

翌年に斑鳩宮《いかるがのみや》を造営すると、その二年後に冠位十二階を定め、推古紀一二年（六〇四）には十七条の憲法を制定した。翌年に斑鳩宮へ移り住んだが、この西方に建立されたのが法隆寺である。

こうして政治体制を整えた太子は推古紀一五年（六〇七）に再び小野妹子・鞍作福利《くらつくりのふくり》を遣隋使として隋に送った。国際的にも倭国の立場を確立させた皇子は仏教を厚く信仰し、『三経義疏《さんぎょうぎしょ》』を著し、推古紀二八年（六二〇）には、馬子とともに『国記』、『天皇記』などを編纂し、国内の政治を整えていった。

皇子の政策のあらましはこうまとめられるが、その政策の細部にまで携わっていたのか疑問ではあるものの、それらに関与はしていたことであろう。なかでも重要なのは遣隋使の派遣である。推古紀八年(六〇〇)、初めて遣隋使が派遣されているが、その初回については『日本書紀』に記事がないので、太子がどこまで関わったのかは知り得ないが、『隋書』「倭国伝」には、高祖文帝が倭の使者に尋ね、それに答えた次第が記されている。

開皇二十年、倭王、姓は阿毎《あめ》、字は多利思比孤《たりしひこ》、号は阿輩雞弥《おほきみ》、使を遣して闕《けつ》に詣る。

倭王の名を問われて、アメタリシヒコオホキミと答えたのであるが、アメは天、アメタリシヒコは天から下られた方、オホキミは大王の意味であり、天孫降臨の考え方に基づいて名乗ったことがわかる。

倭王の政治については、天を兄とし日を弟としており、その天が明けないうちに政を行ない、日が出ると政を弟にまかせている、と答えたところ、文帝はそれでは義理が立たないと批判し改めるように訓令したという。政治を直接に行うのが朝だけでその他を臣下たちに委ねてしまうことを批判したのであろう。

初度の遣隋使派遣の歴史的意義は大きく、推古紀一二年（六〇四）に太子は十七条の憲法を制定したとされる。十七条が当初から今に見るような形であったかは疑問であるが、第一条の「和を以て貴しとし、忤《さから》ふこと無きを宗とせよ」、第二条の「篤く三宝を敬へ。三宝とは仏・法・

僧なり」、第三条の「詔を承りては必ず謹め、君は天なり、臣は地なり」のこの最初の三か条は君臣の道についての一般原則を示しているので、この時期の定められたとしてもおかしくはない。

文明化の推進と聖徳太子の死

推古紀一五年（六〇七）七月には再び遣隋使を派遣したが、これについては『日本書紀』が「大礼小野妹子を大唐に遣す」と記している。倭王が隋の煬帝《ようだい》に宛てた国書も『隋書』に見え、「日出づる処の天子、書を日没する処の天子に致す。恙《つつが》無きや」と書かれていたので、これを見た煬帝が立腹し、外交担当の鴻臚卿《こうろけい》に無礼な蕃夷《ばんい》の書を今後は見せるな、と命じたという。

この「日出づる処」「日没する処」の表現は、仏教書『大智度論《だいちどろん》』に「日出処是東方、日没処是西方」とあることによっており、東西の方角を表す仏教用語であった。「天子」はアメタリシヒコの漢訳で、書を「致す」とあるのは、君臣関係にない場合に用いられる書式と考えてのものであろう。

だが遣隋使は朝貢によって仏教や先進的文物を学ぶことを目的としていたから、煬帝にはとても受け入れられる表現ではなかった。それでも煬帝が返礼として裴世清《はいせいせい》を倭国に派遣したのは、隋と対立する高句麗が倭国と通交するようになったことへの警戒と、倭国を教導しその国情を知りたかったことなどによる。

隋の使者を翌年に迎えた倭は、帰国した妹子が持ち帰った隋の礼書『隋朝儀礼』に基づいて待遇した。新しい館を建て、飾船や飾馬を用意し、衣服と冠を揃えて盛大に出迎えた。裴世清が持ってきた国書に対する倭の返書の書き出しは、『日本書紀』に「東の天皇、敬《つつし》みて西の皇帝に白す」とあることから、天皇号の始まりと見る見方も生まれている。

推古紀一六年（六〇八）九月に裴世清の帰国を送って再び遣隋使の派遣となり、大使に小野妹子、小使に吉士雄成《きしのおなり》を任じ、渡来系の留学生八人が派遣された。そのうち学生は高向漢人《たかむこのあやひと》玄理《げんり》らで、学問僧は新漢人日文《いまきのあやひとにちもん》（後の僧旻《そうみん》）・南淵請安《みなぶちのしょうあん》らであって、彼らは二〇年から三〇年の長きにわたって滞在しており、その間の隋の滅亡と唐の建国を体験したことから、帰国してから大きな役割を果たすことになる。隋の国勢が衰え朝鮮三か国が遣隋使を停止したにもかかわらず、倭のみは六一四年に犬上御田鍬《いぬかみのみたすき》を派遣した。

この時に隋に渡って王朝交替を間近に見た恵日《えにち》は推古紀三一年（六二三）に帰国すると、唐に留学している者を帰国させるべきことや、大唐国は「法式」が備わっているので常に交流すべきであると奏上した。唐の「法式」が注目され、倭でも法式を定める方向へと進んでいった。

そうしたなか聖徳太子は推古紀三〇年（六二二）に斑鳩宮で倒れ、皇子の回復を祈って看病していた夫人が先に亡くなると、後を追うように二月五日に亡くなり、斑鳩宮は上宮王家《じょうぐうおうけ》の山《やま》背大兄王《しろのおおえのおう》に引き継がれた。しかし山背大兄王が有力な皇位継承権者であったことから、蘇我氏によって滅ぼされ、聖徳太子の血を引く上宮王家は滅亡したのである。

2　文明化の壁

乙巳の変と大化の改新

蘇我馬子が推古紀三四年（六二六）五月二〇日に亡くなり、その二年後に推古天皇も亡くなると、馬子の子蝦夷《えみし》は群臣の意見を聞き、田村皇子を天皇とした（舒明《じょめい》天皇）。

舒明天皇は舒明紀二年（六三〇）に犬上御田鍬を遣唐使として派遣し、学問僧や学生も多数送り、唐からは僧の霊雲、僧旻、請安や高向玄理らが帰国すると、天皇は旻を迎えて国王の寺院・百済大寺を創建し、皇后を立てて中大兄皇子《なかのおおえのみこ》（天智天皇）・大海人皇子《おおあまのみこ》（天武天皇）らを相継いで儲け、国政に意を注いだ。

しかし舒明天皇が六四一年に亡くなったことから、翌年に皇后が皇極天皇として即位し蘇我蝦夷が大臣として重きをなし、子の入鹿が国政を執った。この蘇我政権において神祇を職とする中臣氏の鎌子は、蘇我氏の専横に対しその打倒の計画を進めていった。法興寺の打毬《だきゅう》で中大兄皇子の皮鞋《みくつ》が脱げたのを鎌子が拾い、皇子に捧げたのが縁となり親しい関係になったという。

皇子と鎌子はともに南淵請安の私塾で周孔の教えを学び、蘇我氏打倒を密談するなか、その機会は皇極紀四年（六四五）の三韓からの進貢（「三国の調《みつき》」）の使者が来日した時に訪れた。この儀式には入鹿が出席することから暗殺の実行を決断、同年六月一二日に実行に移し入鹿の殺害に及んだ。驚いたのは天皇で、中大兄皇子から入鹿が皇族を滅ぼし皇位を奪おうとした、と語るのを聞き、直ちに殿中へ退いてしまい、翌日に蝦夷は館に火を放って自害した。

この乙巳《いつし》の変の事態に天皇が驚いて天皇の地位を降りると言明したため、中大兄皇子はその下で政治を執る目論見がはずれ、六月一四日、皇極天皇は皇子に譲位し（孝徳天皇）、中大兄皇子が皇太子となった。天皇の終身性が否定されたのである。

即位した孝徳天皇がその力を示すべく推進したのが「大化の改新」政治である。六月一九日、孝徳天皇と前天皇、中大兄皇子は群臣を大槻の樹の下に集め、「今より後は君に二政なく、臣に朝《みかど》にふた心なし」と天神地祇に誓わせ、大化元年と初めて元号を定めた。これは中国の政治に倣い、広大無辺の徳化を及ぼそうという意図による。

天皇は仏法を尊び神道を軽んじ、その人となりは柔仁で儒学を好み、貴賤を選ばず登用した、と評されたように、積極的な文明化政策をとった。八月五日に東国と大和六県に、九月には諸国に使者を派遣するなど、まず手を付けたのが地方政治の改革であり、翌大化二年（六四六）正月には改新の詔を出している。

詔は四か条からなり、その第一条は、国内の土地・人民を天皇・王族・豪族が私的に所有・支配することの廃止。第二条は、政治の中枢となる首都の体制、畿内・国・郡（評）などの地方行政組織の整備とその境界の画定、中央と地方を結んでの駅伝《はゆま》制の制定。第三条は、戸籍・計帳による人民把握と、班田収授の土地制度の策定、第四条は新しい税制であった。

これらは『日本書紀』編纂に際して追加や書き替えの可能性が高いとされているが、このような方針が紆余曲折を経ながらも政策として進められ、律令の制度として結実していった。

三月には儒教的秩序に基づいた造墓規制と風俗統制からなる旧俗矯正の詔（薄葬令《はくそうれい》）を出し、陵墓を造ることについて王以上、上臣、下臣などの身分別に定め、天皇陵にかける時間を七日以内に制限したので、ここに古墳時代は事実上終わりを告げることになり、横浜市域の古墳もほぼこの頃から見られなくなる。

冠位制度の改定も行い、天皇を頂点とした序列を整えた。世襲制の役職の伴造《とものみやつこ》や品部《しなべ》を廃止し、八省百官を制定し左大臣・右大臣を頂点とする太政官《だじょうかん》を置き、職位に応じた冠、衣服、礼儀作法を制定し、冠位の無い良民は白丁《はくてい》と呼ばれた。

白村江の戦いと防衛体制

天皇の性急な改革は大きな反発を受けたが、六五〇年に白い雉が献上されたことから年号を白雉《はくち》と改め、地方では評という組織を整え、群臣の離反に対しては対外政策で威信の回復をはかった。朝鮮三国との緊張を和らげるいっぽう数度にわたって遣唐使を派遣し、北陸道の越国《こしのくに》に渟足柵《ぬたりのき》と磐舟柵《いわふねのき》を設け東北地方の蝦夷に備えた。

だがその努力も空しかった。難波長柄豊崎宮《なにわのながらのとよさきのみや》の造営をはかり、宮殿を六五二年に完成させたところ、この造営と性急な改革に不満を抱いていた中大兄皇子が、白雉四年（六五三）に難波宮を離れて飛鳥に戻ったところから、群臣がこれに従ったので孝徳天皇は孤立し、翌年に憤死してしまう。中大兄皇子は皇極天皇の重祚《ちょうそ》（復位）を願い、乙巳の変以前に望んでいた体制が実現した（斉明《さいめい》天皇）。

この時期には大陸の中国で唐王朝が築かれ、皇帝の太宗《たいそう》が版図拡大を狙って朝鮮半島に侵出してくるなか、朝鮮半島で分立していた高句麗・百済・新羅の三国がそれぞれに権力集中に動き出していた。倭国でもこれに応じて斉明天皇が越国守《こしのくにのかみ》の阿倍比羅夫《あべのひらふ》を東北地方に派遣して蝦夷の服属をはかり、比羅夫は蝦夷と粛慎《みしはせ》人を捕虜として帰還している。

このように領域支配権を拡大させてゆくなか、斉明紀六年（六六〇）に百済が唐・新羅の連合軍に攻められ滅んだという報が入った。百済の遺臣の鬼室福信《きしつふくしん》・黒歯常之《こくしじょうし》から「質」として倭にいる百済王の太子豊璋王《ほうしょうおう》を擁立したいので救援して欲しい、と訴えてきた。すぐに斉明天皇は救援を決定し自らが九州に下った。一行が瀬戸内海を経て伊予に寄港した時、額田《ぬかたの》王《おおきみ》が次の歌を詠んでいる（『万葉集』）。

熟田津《にきたつ》に船乗りせむと月待てば　潮もかなひぬ今は漕ぎ出でな（八）

この地に寄ったのは諸国からの徴兵の到来を待ち、石湯行宮《いわゆのかりみや》こと道後温泉で病気療養をするためであって、斉明紀七年（六六一）、天皇は九州に向かったのだが、滞在先の朝倉宮で病が悪化し急死してしまう。

そのため同行していた中大兄皇子が即位せずに「称制」として朝廷の実権を握り、阿倍比羅夫を筑紫大宰帥に起用、九州の豪族を中心とした兵を半島に渡海させたのである。当初は優勢が伝えられていたが、形勢が逆転しその翌年八月、倭・百済連合軍は唐・新羅軍のいる白村江《はくそんこう》河口に突撃したところを待ち構えていた唐・新羅水軍に大敗を喫した。敗れた百済は完全に消滅し、倭は朝鮮半島と結んできた交わりを絶たれ、唐の脅威にもさらされた。

この敗戦を契機に中央集権体制の構築の必要性を痛感した政府は、唐や新羅による侵攻に備えて防御体制を整えていった。天智紀三年（六六四）に辺境防備のために防人を配置し、緊急の知らせを伝えるための烽《とぶひ》を対馬・壱岐・筑紫に配備した。やがて大宰府に水城《みずき》を築き、その北には大野城、南に基肄城《きいじょう》の山城を構えてその備えとした。これら諸城は亡命百済貴族の指導によって築かれたものであり、彼らは倭国の官人に登用され、さらに東国に移住し、その農業技術を駆使し東国の開発にあたったのである。

文明化の努力

この時の文明化の努力は後世に大きな影響をあたえた。鎌倉幕府は貞永元年（一二三二）に『御成敗式目』（貞永式目）を制定したが、その五一箇条は憲法十七条の三倍の条数にあたる。律令があるにもかかわらず、新たに武家の法を制定する際に、律令制定前の聖徳太子に遡ってその精神を受け継ぐものという主張がこめられ、文明化の担い手であるとの自負心が示されている。

そうした流れから幕府は禅宗を中心とする大陸文化を受容した。大陸から多くの人と物が唐船を通じてやってきて、鎌倉には建長寺や円覚寺などの五山が建てられ、大陸から渡ってきた中国の僧が迎えられ、鎌倉周辺では中国語が日常会話で用いられていたという。詩文や儒学などの教養文化のみならず、唐膳や精進料理、飲茶の習慣など飲食などの生活文化も入ってきた。銭や陶磁器などの唐物が大量に流入してきた。そのいっぽうで日本の商人や留学僧が直接に大陸に渡ることが多くなった。

これを第二の文明化と見れば、第三の文明化は一六世紀後半の戦国時代に西洋文明を受容していった時期が該当する。鉄砲やキリスト教などヨーロッパの文明が入ってきたことから、それを積極的に摂取するようになった。鉄砲は戦国大名の戦術を大きく変化させ、活版印刷技術が新たな情報文化を生むなど、時代の流れを加速化させてゆき、キリスト教の思想がこれまでの仏教信仰や政治思想にも大きな影響をあたえた。

そして第四の文明化が明治維新である。洋学の受容、開国と攘夷、お雇い外国人の雇用、欧化政策などのいわゆる文明開化である。日本が近代化をどうして早くに達成できたのかということがよく議論されるが、古代からの文明化の努力が背景にあったこともあげられよう。もちろんそれぞれに全く時代背景や基調となる思潮は異なるのだが、そこには文明化の努力が通底にあった。たとえばヨーロッパの法を取り入れて制定された法の最高法規の名である『大日本帝国憲法』の憲法という言葉は、十七条の憲法から採られたのである。

Ⅱ　律令制の導入

都筑郡家復元模型　横浜市歴史博物館提供

四　律令制と地方の動き――制度化の試み

1　律令制国家への道

近江遷都と壬申の乱

中大兄皇子は天智紀三年（六六四）に冠位制度を整え、氏の氏上《うじのかみ》を定め民部《かきべ》・家部《やかべ》を制定する（甲子の宣）など、中央豪族を掌握して新たな政治への強い意思を示すと、同六年（六六七）三月に都を飛鳥から近江に遷し、翌年正月に即位した（天智天皇）。六六八年に高句麗が滅び対外関係が緊迫するなか、六七〇年に中央豪族の地方支配の実情を調査し、造都のための労働力を確保するために戸籍を作らせ（庚午年籍《こうごねんじやく》）、これは永久保存されて氏姓《うじかばね》の根本台帳となった。

天智紀一〇年（六七一）正月に子の大友皇子を太政大臣、左大臣に蘇我赤兄《あかえ》、右大臣に中臣金《なかとみのかね》を任じ、また初めての法典『近江令』を施行したという。疑問視されてはいるものの律令への動きが始まったことは明らかであろう。

だがこの時に大友皇子を太政大臣に任じたことは問題を残した。太政大臣は国政を総覧する官職であり、これまで天皇の政治と外交とを間近に見聞し、支えてきた弟の大海人皇子が担ってきた政務と重なるので、大海人皇子は不審の念を抱いた。一〇月に重病に陥った天智天皇が大海人皇子に後事を託そうとしたところ、皇子は大友皇子を執政にするよう勧めて出家し吉野に下り、妻（後の持統天皇）や草壁皇子ら家族と一緒に住んだのである。

警戒を抱いた大友皇子は左大臣以下を集めて一心同体の誓いをなしたが、その年に天智天皇が亡くなって、大友皇子が朝廷を主宰し後継に立つと、これを契機に翌年六月、大海人皇子は挙兵を決意し、美濃に使者を派遣し自らもその後を追った。

近江朝廷が東国の勢力と結ぶのを遮断し、その東国の勢力を味方に引き込む作戦であって、近江朝廷側に動揺が広がるなか、大海人皇子は東国から数万の軍勢を不破に集結させ、琵琶湖東岸を進み、ついに七月二三日に大友皇子を自害へと追いこんだのである（壬申《じんしん》の乱）。

勝利の原因は戦略的に優れていたこと、天智天皇を支えてきたその政治の実績、妻が天智天皇の皇女であったことなどによるもので、近江朝廷において実権を握る道もあったであろうが、天皇中心の政治を果断に行なうのには、天智天皇・大友皇子に連なる諸勢力を排除し、実力によって近江朝廷を倒すのがよいと考えたと見られる。

飛鳥の古京に帰還し、天武紀二年（六七三）二月に即位した天武天皇は妻を皇后に立て、太政官メンバー六人のうち右大臣を斬首に処したほかはすべてやめさせ、大臣を一人も置かず直接に政務をみることにした。皇族の諸王を要職に配しはしても、実権をもたせず天皇自らが国家に君臨した。「新たに天下を平げ初めて即位した」と告げ、新しい王統の創始者として自らを位置づけたのである。天皇の号はこの時期から明確に使用されるようになる。

天武新政権と藤原京の造営

天皇は官僚制を整備し、豪族や寺社による人民に対する私的支配を否定、諸豪族を官人秩序に組み込む政策をとり、官位官職や功績に応じて個人に封戸《ふこ》（食封《じきふ》）を与える制度に切り替えた。これは五十戸を単位に戸を配分し、そこからの収入を与えるものである。

制度化は様々な面に及んでゆき、神祇の頂点には天照大神を祀る伊勢神宮を据え、各地の神を天皇の下に位置づけ、民間習俗も積極的にとりこんで国家的祭祀とした。古来の神の祭りを重視して各地で祀られている神社や祭祀を保護し、国家の管理下に置いた。

仏教も手厚く保護し、川原寺で一切経の書写を行い、百済大寺に続く国の大寺となすと、天武紀五年（六七六）に使者を全国に派遣し『金光明経《こんこうみょうきょう》』『仁王経《にんのうぎょう》』を説かせている。同九年（六八〇）には皇后の病気に際して薬師寺建立を祈願、同一四年（六八五）には諸国に家ごとに仏舎を造り、仏像や経を置き、礼拝供養せよ、という詔を出したので、豪族の家では寺の造営を行ってゆくことになった。

こうして国家の制度整備を強力に推し進めるなか、宮都の造営にも着手した。永続的都を建設する抱負を持って適地を探した。造都は天皇の死により中断されたが、持統天皇の手で進められ、持統紀八年（六九四）に藤原京として完成をみて遷都している。

日本最初の本格的都城で、五キロ四方の広大な京域である。内裏《だいり》や瓦葺きの大極殿《だいごくでん》、朝堂、宮城門などが計画的に配置され、十条四方のほぼ正方形の条坊制がしかれた。中国の都城の長安と比較すると、南東が高く北西に向かって低く、南にすぐに山があるなど不備も多かったが、藤原京は中央集権国家の威容を示す装置として、多大な労働力と費用をつぎ込んで完成をみることになる。

いっぽう天武紀一〇年（六八一）に制度化の核となる律令の編纂を始めており、同一三年（六八四）には八色《やくさ》の姓《かばね》を定めて氏姓制度を全面的に再編成し、皇族を真人《まひと》、旧来の臣の氏族を朝臣《あそん》、連を宿禰《すくね》とした。こうした制度の整備を可能にしたのは、白村江の戦いの後、唐と新羅が朝鮮半島の支配をめぐって争うようになり、それぞれ日本との通交を求めてきたという外交的環境の好転が幸いした。

天武紀一一年（六八二）に南西諸島の種子島、屋久島、奄美大島の人に禄を与え、東北地方の陸奥国の蝦夷に冠位を授け、越国の蝦夷である伊高岐那《いこきな》に評を立てることを認めるなど、日本の国土の領域の形をほぼ整えるかたわら、畿内の武装強化を図り、天武紀八年（六七九）には龍田山と大坂山に関を置き、難波には外壁を築かせた。

天武紀一二年（六八三）から同一四年にかけて、全国に派遣した使者が国の境界画定を行ない、国司の任務を定めた。これまでは国造ら豪族が評司《こおりのつかさ》として地域を支配する評制に基づいての地方改革を進めてきたが、この段階から国司《こくし》制や畿内七道制という上からの地方行政支配が進められることになった。同一四年（六八五）には京と畿内の人夫の武器を検査し、軍隊指揮の用具と大型武器を評の役所に納めさせるなど、地方軍制が整えられた。

持統天皇の政治

天武天皇は天武紀一五年（六八六）五月に病に倒れ、七月半ばに国政を皇后と草壁皇子にゆだねて亡くなると、皇后が「称制」として実権を握ったが、持統紀三年（六八九）に後継と考えていた草壁皇子が他界したため、皇后自らが即位した（持統天皇）。

持統天皇は編纂事業が続いていた飛鳥浄御原令《あすかきよみはらりよう》を同年（六八九）六月に制定して施行している。全二二巻からなり、今に伝わっていないものの、中央官庁として政務を議論する複数の納言からなる太政官が置かれ、その下に民官・法官・兵政官・大蔵・理官・刑官の六官の官司が置かれたものと推定されている。

こうして天武・持統政権のもとで日本の律令体制の基礎は定まった。持統天皇は大規模な人事異動を行い、一人の大臣もいなかった天武朝の皇親中心の政治を軌道修正したが、基本的に持統天皇の治世は天武天皇の政策を引き継いで完成させたものであり、藤原京や薬師寺も完成を見た。

横浜市域の動きを見れば、相模国の初見は天武紀四年（六七五）の「相模国言す、高倉郡（評）の女人、三男を生む」という三つ子出生を伝える記事であり、武蔵国の初見は持統紀四年（六九〇）の新羅人の韓奈末許満《かんなまこまん》ら一二人を武蔵国に移住させた記事である（『日本書紀』）。横浜市域はこの武蔵国南部と相模国東部の一部に編入されたが、国の境界は川ではなく、国造ら豪族の支配領域を基準にして定められたのであろう。

青葉区荏田西の長者原《ちょうじゃはら》遺跡の東西の二つの丘陵のうちの、東の丘陵中央部からL字形をした七世紀代の建物が発掘されており、この遺跡が後に都筑郡家《つづきぐうけ》となることから、都筑評のものと考えられている。果たして評といえるか疑問はあるが、川崎市宮前区の影向寺《ようごうじ》遺跡からは「无射志（武蔵）国荏原評」と刻まれた瓦が出土し、ここが橘樹評《たちばなこおり》に関わる遺跡であることなどから都筑評とみなしてよいであろう。

評の下の組織については、奈良の飛鳥寺の北西にある遺跡から、天武天皇の時代の遺物や遺構が発掘されたなかに「諸岡五十戸」と記された木簡（木札）が出土しており、これは諸岡五十戸からの貢納物に付けられていた荷札であり、武蔵国の久良評にあった師岡の存在を物語ると考えられている。評の下には五十戸を単位とする里《り》の地域組織があったものと考えられている。

持統紀一一年（六九七）八月に持統天皇は軽皇子《かるのみこ》に譲位したが（文武天皇）、存命中の天皇が譲位したのは皇極天皇に次ぐ二番目であり、初の太上天皇《だいじょうてんのう》（上皇）となって譲位後も文武天皇と並んで執政の座にあった。

大宝元年（七〇一）正月一日、藤原宮の大極殿に文武天皇が出御し、臣下の朝賀を受けた。新羅の使節も参列するなかでの宮廷儀礼であり、『大宝令』が完成し、法令が完備した国家となったことへの自負心に満ちていた。その直後には遣唐使を派遣することとし、三月には対馬から金の貢進があったのを記念して大宝の年号を制定、同日に大宝令を施行したのである。

これらを見届けた持統上皇は、翌年、壬申の乱の際に赴いた東国を最訪して各地の豪族に慰労の言葉を伝え、帰京して亡くなり火葬に付された。天皇の火葬の初例である。

大宝律令の制定

大宝律令は文武紀四年（七〇〇）に令がほぼ成り、残った律の条文作成が行われて完成をみた。

「律」六巻・「令」一一巻であって、飛鳥浄御原令以後、律令編纂の作業を続けてきた成果である。律令の選定に携わったのは刑部親王《おさかべしんのう》・藤原不比等《ふひと》・粟田真人《あわたのまひと》らで、この律令において「日本」の国号を明確に定めたことから、大宝二年（七〇二）に中国に渡った遣唐使の粟田真人は「日本国の使者」であることと中国に伝え、日本の国号を初めて使用して、この時に倭国が日本へと国号を変えたことをわかってもらえたという。真人に同行した遣唐使には他に宮廷歌人の山上憶良《やまのうえのおくら》がおり、憶良が唐において国のことを思って詠んだのが次の『万葉集』の歌である。

いざ子ども早く日本へ大伴の　三津の浜松待ち恋ひぬらむ（六三）

ここで詠まれた「日本」（ニホン）とは国号の日本であり、それが認められたことを踏まえて詠んだのであった。

大宝律令制定の意義の第一は、唐の方式を基準とした制度への転換である。冠位十二階では個々の官位を、徳目を示す漢字で表していたが、一、二位などの数字によって示す方式に変え、位階に相応しい官職をあて、五位以上を貴族と称し、畿内豪族に特権を付与した。

意義の第二は、行政法や民法にあたる「令」を唐令に倣いつつも日本社会の実情に則して改変した点である。天皇を中心とした二官八省（太政官・神祇官の二官、中務省《なかつかさしょう》以下の八省）の官僚機構を骨格に据えた、本格的な中央集権統治体制をとった。大臣・大納言（後に中納言や参議が追加）が国政を審議し、天皇に上奏して裁可を得る仕組みで、各官庁は長官《かみ》・次官《すけ》・

判官《じょう》・主典《さかん》の四等官制をとり、文書には元号、印鑑が用いられた。

第三に、民衆を把握するために公地公民制をとり、戸籍・計帳を作成し、班田収授制や租庸《そよう》調《ちょう》の税制を導入した点である。民衆を戸《こ》に編成し、五〇戸を里として里長を置き、六年に一度、戸籍を作成した。租庸調制の租は田にかかる税で諸国の正倉《しょうそう》に納められ、調庸は二一歳から六〇歳の男子にかかる人頭税であって、その土地の織物や特産物などの雑物を課し、庸は本来、中央での労働が課されたが布で納めることも可能であった。

第四に、地方行政の「評」が「郡」に名が変えられ郡司が置かれ、地方官制として国・郡・里などが定められた点である（国郡里制）。中央政府が派遣した国司に多大な権限を与え、郡司には地方豪族をあて一定の権限を認めた。

政府はこの律令を全国一律に施行するため、大宝元年（七〇一）八月に明法博士《みょうぼうはかせ》を西海道を除く六道に派遣して新令を講義させ、翌年には大宝律令を諸国に頒布したので、統治・支配の仕組みは政権の支配領域（東北地方を除く列島の大部分）にほぼ一律に及んでいった。

横浜市域の律令制

武蔵の国府は多摩郡に置かれ、府中市の現大国魂《おおくにたま》神社境内を中心とする一帯が国府庁域であり、発掘の結果、建物跡や瓦が出土している。相模の国府は大住《おおすみ》郡にあったと『和名類聚抄《わみょうるいじゅしょう》』

に見え、平塚市の四之宮《しのみや》遺跡から多数の掘立柱建物跡や「政所」「曹司」「国厨」など国庁に関わる遺物が出土し、この周辺に国庁があったものと考えられている。武蔵は東山道《とうさんどう》に属する大国に、相模は東海道に属する中国にランクされ、それぞれの物資は東山道や東海道を経て都に運ばれた。

II・1　古代の国郡と現在の横浜市域　横浜市歴史博物館提供

横浜市域には武蔵国都筑郡と久良郡全域、橘樹郡の一部、相模国の高座郡・鎌倉郡の一部として国郡里制が整えられた。長者原遺跡はその都筑郡の郡家《ぐうけ》の遺跡、橘樹郡の郡家遺跡は川崎市、高座郡の郡家遺跡は茅ヶ崎市に、鎌倉郡家は鎌倉市に所在する。

そのうち都筑郡の郡家は長者原遺跡の東西にある丘陵のうちの東の丘陵上にあり、郡庁は都筑評の建物を建て替えたものと考えられている。品字形の配置をとる大型の掘立柱建物が郡庁、厨や舘建物なども認められる。西の丘陵では新たな総柱建物と礎石立建物が整然と配置され、倉が立ち並んでいたと考えられている。遺跡からは円面の硯、「郡」の字が記された墨書《ぼくしょ》土器、灰釉《かいゆう》陶器、緑釉《りょくゆう》土器など郡に関わる遺物が出土している。

久良郡家の所在地は不明だが、弘明寺《ぐみょうじ》境内から古い瓦が採集されており、これが橘樹郡家と関係する影向寺跡出土の瓦に類似していることから、この付近に郡家があった可能性が指摘されている。弘明寺の北西の東台遺跡から瓦や須恵器、土師器《はじき》が出土したのも参考になる。

仏教説話集『日本霊異記』には武蔵の多摩郡郡司の大領《だいりょう》が私的に寺を建てたが、その寺物を勝手に使ったために天平勝宝元年に亡くなってしまい、同二年に黒い斑《まだら》の子牛に生まれ変わったという話が見える（中巻の九話）。文献には郡の呼称のついた郡寺の存在が多く見えており、郡を単位に寺院が造営されていたことがうかがえる。

この時期の集落は沖積低地の開発が本格化し砂丘地にも広がっていった。笠間中央公園跡遺跡（栄区）では七世紀後半代から再び集落が形成され、竪穴建物跡十棟、竪穴状遺構、土坑などが発掘されている。

2　制度化の達成

平城京遷都

文武天皇が慶雲四年（七〇七）に亡くなると、持統天皇の妹が跡を継いだ（元明天皇）。夫の草壁皇子が亡くなり、皇子が文武天皇として即位したもののすぐに亡くなり、残された孫の首皇子《おびとのみこ》（後の聖武天皇）がまだ幼いことから、初めて皇后を経ずに即位したのである。

慶雲五年（七〇八）正月、武蔵国秩父から銅が献じられたので和銅と改元して和同開珎《わどうかいちん》の鋳造を行ない、飛鳥から平城京への遷都を同年に道路と橋の土木工事から始め、三年（七一〇）の遷都時には内裏と大極殿、その他の官舎が整備された程度であったが、寺院や邸宅などが段階的に造営されていった。唐の長安城を見聞した遣唐使の報告から、中央集権的な帝国に相応しい京を改めて求め、分散していた貴族たちを集住させることを考えた。

平城京は南北に長い長方形で中央を貫く朱雀大路を軸として東西の左京・右京に分かれ、左京の傾斜地には外京《げきょう》を設けた。唐の都の長安を模して造られたが、羅城（城壁）はなく、京南面の門が羅城門と称されたが形式だけであった。宅地は位階によって大きさが決められ、治安維持のため夜間の通交が禁止され、警備の兵士の規模は数千人に達し、人口は一〇万程度に及び、平城宮（内裏）は朱雀大路の北端にあって朱雀門が建てられた。

京内には藤原京から寺が移され、元興寺《がんごうじ》（飛鳥寺）・大安寺《だいあんじ》（大官大寺）・薬師寺（本薬師寺）・興福寺などが建立されていった。興福寺は養老四年（七二〇）一〇月に造興福寺仏殿司が置かれて始まり、やがて聖武天皇・光明皇后によって東大寺、称徳天皇によって西大寺など国家的寺院も創建されていった。

政治の実権を握ったのは遷都を遂行した右大臣藤原不比等である。父中臣鎌足は亡くなる際に補佐していた天智天皇から大織冠《たいしょくかん》を授けられ、藤原朝臣の姓を与えられた。不比等は文武天皇の擁立に功があって、政治の表舞台に登場し、元明天皇の女官の県犬養《あがたいぬかいの》橘三千代《みちよ》と結婚して元明天皇を助け、文武の即位後には娘宮子《みやこ》をその夫人としていた。

政府は和銅五年（七一二）に郡司の任用試験の対象範囲を大領以下の四等官全体に拡大し、郡司や人民の評価基準を定め、租税収入の確保に向けて地方支配を強化していった。また国家の来歴を知り、今後の方向を探る必要から歴史書の編纂を六八一年から始めていたが、稗田阿《ひえだのあ》礼《れ》に帝紀と旧辞を誦み習わせていた書物が『古事記』として七一二年に太安麻呂《おおのやすまろ》により完成し、もう一つの『日本書紀』も七二〇年に漢文による「日本紀三十巻・系図一巻」として結実することになる。

不比等政権の政策

和銅年間から諸国の官庁として国庁が置かれて行政が行われるようになり、国内の実態把握のために和銅六年（七一三）に諸国に『風土記』の編纂が命じられ、国郡内の特産品や土地の肥沃の程度、地名の由来、伝承などが地誌にまとめられた。

霊亀二年（七一六）には寺院の実態調査を行って財物管理を徹底させ、寺院の統合を進め、翌年の養老元年（七一七）には勝手に僧尼になることを禁じるなどの僧尼統制を徹底させたので、当時、民間で疲弊していた人々の救済活動を展開していた行基《ぎようき》はこれによって弾圧された。さらに郷里制《ごうりせい》をしき、養老三年（七一九）七月に唐王朝の制度をとりいれて、国司を監察する按擦使《あぜち》の制度を設けた。

一〇世紀成立の『和名類聚抄《わみようるいじゆうしよう》』には横浜市域に次のような武蔵・相模の郷名が見える。

都筑郡　余戸　店屋　駅家　立野　針斫　高幡　幡屋
久良郡　鮎浦　大井　服田　星川　郡家　諸岡　洲名　良崎
橘樹郡　高田　橘樹　御宅　縣守　余戸　駅家
鎌倉郡　尺度　大島
高座郡　深見　渭堤　二宝　岡本

再び新たな律令の編纂にもとりかかった。後の『弘仁格式《こうにんきやくしき》』の序には養老二年(七一八)に成ったとあるが、編纂の賞はその四年後の二月になされているので七二二年に完成を見たのであろう。この養老律令が施行されたのは天平宝字元年（七五七）である。

しかし平城京の造営事業は諸国の人々を疲弊させていた。多大な負担に堪えかねて道ばたで行き倒れ、道路で飢え、また王臣に仕え、出家することで課役の免除を図ろうとした百姓が増加したことから、政府は国郡司に対策を命じている。

この間に元明天皇は文武と不比等の娘宮子に生まれた首皇子がまだ若いため、和銅八年（七一五）九月に独身の娘の氷高皇女《ひたかのひめみこ》に皇位を譲り（元正天皇）、太上天皇となった。二代続く女帝の誕生である。その翌年（霊亀《れいき》二年）に一五年ぶりに遣唐使を任命したが、派遣された留学生の吉備真備《きびのまきび》は礼の秩序について記した最新の『唐礼』のほか最新の書物、武器や楽器などの文物をもたらし、僧の玄昉《げんぼう》も仏典や仏像を将来して仏教界に大きな影響を与えた。

聖武天皇の登場

藤原不比等は養老四年（七二〇）に亡くなり、主な議政官も相次いで亡くなったことから、長屋王《ながやおう》（天武天皇の孫）が政務の中心に位置するようになり、その翌年五月に発病した元明太上天皇は長屋王と藤原不比等の子房前《ふささき》に後事を託し、葬送の簡素化を命じて一生を終えた。

長屋王政権も地方行政に腐心し、陸奥出羽按擦使管内の調庸を免除、陸奥と大宰府に置いた鎮所への兵粮・稲穀の運搬を奨励、公出挙《くすこ》と私出挙《しすこ》の利息を三割に軽減する措置をとり、辺境の防備策をはかった。

さらに百万町歩開墾計画を打ち出し、翌年に三世一身の法を定めて、新たに開墾した土地には三世代にわたり伝えることを認め開墾を奨励した。口分田不足を補うことで律令制の現実的な運用をめざし、把握されていなかった開墾田をきちんと掌握することを可能としたのであり、こうして遷都と政治改革を通じて律令制による制度化は列島の隅々にまで及んでいった。

養老七年（七二三）、左京から両目の赤い白亀が献上されると、翌年に神亀元年（七二四）と改元され、伯母から皇位の譲りを受けた首皇子が同日に即位した。その聖武天皇は、四月に不比等の子宇合《うまかい》を持節大将軍に任じて海道の蝦夷の征討を命じ、坂東九か国の兵士三万に騎射を教習させて蝦夷を鎮圧し、一一月には宮都を荘厳にすると宣言するなど意欲に満ちた出発となった。

しかし皇子が亡くなってしまい、神亀六年（七二九）には長屋王が天皇を呪詛したという嫌疑を受け、自邸で自害を遂げてしまうなど（長屋王の変）、波乱に満ちた門出となった。長屋王の死にともない不比等の子たちが政権の中枢に躍り出た。長子武智麻呂《むちまろ》の家系の南家《なんけ》、次子房前の家系の北家《ほっけ》、三子宇合の家系の式家《しきけ》、四子麻呂の家系の京家《きょうけ》がここに形成され、藤原氏発展の基礎が築かれた。

神亀六年（七二九）六月、「天王貴平知百年」の文字が甲羅に見える亀が献上されたことから、年号が天平に改元され、藤原四子の政権が始まると、八月に不比等の子光明子《こうみようし》が初めて臣下の女性として天皇の正妻である皇后となり、その立后にともなって皇后宮職が設置された。

四子政権は律令財政の整備に力を注ぎ、地方の郡に蓄積されていた稲を正税として一括把握し効率的な運用を行なうこととし、班田を実施してその余った公田の地子を京に進めるよう改めている。天平二年（七三〇）には治安維持令を西国中心に発し、翌年に畿内に惣管を、七道には鎮撫使《ちんぶし》を設けて治安維持にあたらせた。

これは六九八年に朝鮮半島北部に建国された渤海《ぼつかい》が、神亀四年に使節を日本に送って国交が成立したことから、渤海の南部の新羅が強く反応して使者を日本に送らなくなり、また渤海と唐の関係が緊迫したためである。そこに大宰府管内の西海道諸国で流行していた天然痘が猛威を振るい、天平九年（七三七）に朝廷の首脳部を襲い、藤原四子すべてが亡くなってしまう。

県犬養橘三千代の子の橘諸兄《たちばなのもろえ》が首班となって政治を主導し、阿倍内親王が天平一〇年（七三八）正月に皇太子となり、女帝が再び誕生する道が開かれた。諸兄は聖武・光明の意思にそって仏教政策を推し進め、行政を手直しし、官人の養成機関として大学を整備した。

ところが諸兄の政治に不満を抱いた大宰少弐の藤原広嗣《ひろつぐ》（宇合の子）が、一二年九月に朝廷に訴えを寄せると、天皇は広嗣の行為を謀反と断じ、陸奥鎮守将軍で功をあげた大野東人《あずまびと》を大将軍に任じて追討にあたらせた。政府軍のこの素早い動きに遅れをとった広嗣は敗れてしまい、処刑されてしまう（藤原広嗣の乱）。

乱最中に天皇は伊勢に行幸するが、その途中で山城の恭仁京《くにきょう》への遷都を決断し、一二月一五日に恭仁京に入った。これの造営にはこれまで弾圧してきた行基が率いる集団をあたらせた。仏教信仰の民間への広がりとともに仏教統制は新たな段階に入った。

国分寺と東大寺大仏

聖武天皇はその六月に諸国に七重塔を中心とする寺院建立の方針を出し、翌天平一三年（七四一）に詔を出して国分寺《こくぶんじ》と国分尼寺《こくぶんにじ》を造ることを命じた。これに応じて武蔵の国分寺は国府の北に造られていった（国分寺市）。中門・金堂・講堂が一直線に並んで、寺域は四町四方（一五ヘクタール）に及ぶ、全国でも最大規模の国分寺となった。出土した瓦には橘樹郡・都筑郡・久良郡など武蔵国内の郡名が刻まれ、郡に割り当てられて造られたことがわかる。

相模の国分寺は海老名市の国分に所在し、僧寺は東西が一六〇メートル、南北が一二〇メートルの回廊で廻らされ、北側の中央に講堂、南側の東西に金堂と塔を配置する法隆寺式で、出土する瓦が白鳳様式であることから、詔が出される以前からの寺院が前身となっていたのであろう。尼寺はその北五〇〇メートルにあって、武蔵の国分寺と同じく東大寺式の配置なので、国分尼寺は詔に沿って建設されたと考えられている。

天平一五年（七四三）五月には墾田永年私財法を発令している。墾田の取扱いは三世一身法に基づいて期限が到来した後には収公されていたが、そのために農民が怠け、開墾した土地が再び荒れることになったとして、今後は三世一身に関係なく、永年にわたって私財としてよいこととした。これとともに各地で条里制と称される耕地の区画整理が実施されるようになった。

天平一五年一〇月に大仏造立の詔を発し、華厳経の本尊である盧舎那仏《るしやなぶつ》金銅像の造営へと進んだ。「それ天下の富を有《たも》つ者は朕なり。天下の勢を有つ者も朕なり」と天皇の権勢を誇示しつつも人々に協力を求めた。大仏造立に手伝う人々を広く求め、大仏造立を口実に無理な租税の取立てはしない、と大仏建立に向けて強い意欲を示した。造営は平城京の東の地で開始され、その大和の国分寺（金光明寺）が惣国分寺として東大寺へと発展してゆき、二〇年に造東大寺司の官庁が設けられた。

天平二一年(七四九)正月に天皇は平城宮で大僧正《だいそうじよう》行基から菩薩戒を授けられて出家を遂げ、太上天皇沙弥《しやみ》勝満《しようまん》と称された。天皇出家の初例である。二一年二月に陸奥国から金発見の報告が届くと、四月に産金を謝し出家を報告するために東大寺に行幸し、大仏の前殿に北面して像に向かい、左大臣諸兄に「三宝の奴《やつこ》と仕へ奉る」という宣命《せんみよう》を言上させている。続いて産金の喜びから天平の年号に感宝の二字を加えて年号を天平感宝とした。

天平感宝元年（七四九）七月二日に阿倍内親王が即位し（孝謙天皇）、藤原南家の武智麻呂の子仲麻呂《なかまろ》が大納言に昇任し、改元されたばかりの年号も改めて天平勝宝となした。八月に光明皇后が皇太后になり皇后宮職が改組されて紫微中台《しびちゅうだい》が置かれ、長官の紫微令には仲麻呂がつき、太政官ルートとは違う権威に基づいた仲麻呂政権が発足した。

天平勝宝四年（七五二）、東大寺の大仏殿が完成し、四月九日に大仏開眼供養会が盛大に開催され、参列者は一万数千人に及んだという。大仏開眼の二年後、鑑真《がんじん》が大仏殿の前に設けられた戒壇において太上天皇や皇太后、天皇をはじめ多くの人々や僧に授戒している。戒師の鑑真は六度目の渡航でたどりついていた。

大仏造営の工事にはのべ二六〇万人もが関わるなど、多大な労働力と費用が消費され、国家財政や人民に多大な消耗をもたらしたが、大仏建立を見届けた四年後の天平勝宝八歳（七五六）五月二日、聖武太上天皇は五六歳で没する。死に臨んで聖武は、未婚の天皇に対し、天武天皇の皇子である新田部親王の子道祖王《ふなどおう》を皇太子とするよう遺詔をあたえた。天武・持統の直系子孫による皇位継承が途切れることが明らかとなっており、皇位継承争いが起きるのを防ぐためであった。

だが翌九年（七五七）三月、孝謙天皇は道祖王を聖武太上天皇の喪中に皇太子にふさわしくない行動をとったとして廃してしまい、光明や孝謙の意向を受けた仲麻呂が舎人親王《とねりしんのう》の子大炊《おおい》王《おう》を推して即位へと進むなか（後の淳仁《じゅんにん》天皇）、仲麻呂は紫微令から新設の紫微内相となって大臣としての待遇を受け、内外の兵事を掌握して養老律令を施行した。

制度化の努力

律令国家の建設は急ピッチに行われ、大陸の文物や学問、仏教を受容しての制度化が達成されたが、政府ではその遂行をめぐって壬申の乱に始まって、長屋王の変、広嗣の乱など多くの内乱や内紛が起きた。仲麻呂政権においてもその強力な政治に対して橘諸兄の子橘奈良麻呂が反発すると、奈良麻呂が孝謙天皇を廃して新帝を擁立するクーデターを計画したとして、天平勝宝九年（七五七）に粛正されてしまう（橘奈良麻呂の変）。

それにしても国家の仕組みの制度化への尽力の経験は、後世に大きな影響をあたえることになった。この時に整えられた国制は以後の明治国家にまで継承されていった。基本的な中央の太政官制や地方の国郡制などの枠組みが継承されたのである。

なかでも国郡制のうち国の枠組みは、鎌倉幕府では国を単位に守護を配置しており、戦国大名や藩の領国でもその枠組みが利用され、さらに明治国家も都道府県制へと形を変えて利用している。郡についていては、東西や南北に分割されたり、郡と郷が並立されたりすることもあったが、同じく継承されてゆき、国の一つ下の行政単位として江戸時代には郡奉行《こおりぶぎょう》が置かれるなど継承され、明治国家も郡役所《ぐんやくしょ》を置いて地方行政を担わせた。

行政運用上では文書行政がとられ、上の官庁から下の官庁に出す文書を符《ふ》、下から上に出す文書を解《げ》、互通関係で出す文書を牒《ちょう》や移《い》と称することが公式令で定められ、その文書主義が継承された。政府の命令の伝達は太政官符によって行われたが、朝廷が鎌倉の武家政権に対して地頭の権限について定めたのも太政官符であり、律令国家の再現を目論んだ後醍醐天皇も太政官符や牒や移の律令形式の文書を用い、明治国家も太政官符を用いた。

官庁文書の正当性を示したのは印鑑だったが、官庁の衰えとともにその印が使用されなくなり、符の機能を代替する略式の宣旨《せんじ》や下文《くだしぶみ》が盛んに使用されるようになると、印に代わって花押《かおう》（個人の名を略式化したサイン）が用いられ、武家政権では将軍の花押を据えた下文が最も格式の高いものとされた。しかし大量に文書を発給するようになった戦国大名は、再び印を用いて印判状《いんぱんじょう》と称される文書を出し、明治国家も印を正式に採用し今につながる印鑑行政となっている。戸籍も律令国家の衰退とともに作製されなくなったが、明治国家によって復活し今に使われている。

このような制度化の努力の経験は、明治国家が西欧の制度を導入する際に大いに生かされ、早くに西欧化、近代化を達成するうえで大きな役割を果たしたのである。

五　律令政府と公民の現実

1　公民負担と神仏習合

防人の歌

政変の続いた律令国家ではあったが、大陸の文物を輸入して「天平の文化」の花が開いた。その文化を代表する『万葉集』からは律令国家建設の歌声が聞こえてくる。建設に携わった人々や政争に敗れた皇族・貴族、また重労働を強いられた人々の歌声が。

その一つが防人の歌である。防人は天智紀三年（六六四）に辺境防備のために東国の人々が配置されるようになったもので、『万葉集』巻二〇にはその歌がまとまって見える。

天平勝宝七歳乙未の二月に、相替りて筑紫に遣はさるる諸国の防人等が歌

恐《かしこ》きや命《みこと》被《かがふ》り明日ゆりや　草《かえ》がむた寝む妹なしにて（四三二一）

右の一首、国造《くにつくりのよほろ》丁長下郡の物部秋持

天平勝宝七歳（七五五）に東国一〇か国から派遣された防人が、摂津の難波津に集まった際、歌人の大伴家持が彼らから聞き取った歌である。掲げた歌は遠江国から派遣された防人で、国造から出された防人である。武蔵の都筑郡から派遣された防人の歌も見える。

　わが行きの息つくしかば足柄の　峰延《みねは》ほ雲を見とと偲はね（四四二一）

　　右の一首は都筑郡の上丁服部於田《かみつよほろはつとりのうえだ》のなり

私の旅を嘆くならば、足柄の山の峰にひろがる雲を見ながら、私のことを偲んでほしい、と故郷を出発する際に別れの歌を都筑郡の服部於田が詠むと、その妻は次の歌を返したという。

　わが背なを筑紫へ遣りて愛《うつく》しみ　帯は解かななあやにかも寝も（四四二二）

　　右の一首は妻服部あざ女《め》なり

私の夫を筑紫に送ってしまえば、恋しくて帯も解かずに心乱れて寝ることでしょう、と詠む。二人の愛情がよくうかがえよう。武蔵の橘樹郡の物部真根《もののべのまね》の歌も見える。

　家《いは》ろには葦火《あしふ》焚けども住み良けを　筑紫に至りて恋しけ思《も》はも（四四一九）

家では沼に生える葦で火を炊いても住みよかったが、筑紫についてから後は恋しく思うことだろうなあ、と故郷と赴任先のことを思い歌っている。

公民の苦悩

『日本霊異記』には、防人が夫婦別れての辛さから一緒についてきた母を殺そうとした話が見える。武蔵の多摩郡鴨里の吉志火麻呂《きしのひまろ》は、防人となって筑紫に赴いて三年たったところで、国の妻恋しさに母の日下部真刀自《くさかべまとじ》を殺せば、その喪を理由に帰郷できると考え母に手をかけようとしたところ、寸前に地が裂け地の底に落ちて亡くなったという。

公民が勤める力役《りきえき》には、この九州に派遣された防人役だけでなく、国司の命により雑役を勤める雑徭《ぞうよう》や、兵士として軍団に編成され都に赴いて警備にあたる衛士《えじ》などがあり、さらに造都や大仏造営などに大量に動員され、その負担による疲弊は大きかった。

公民の負担の中心である租庸調も重かった。東大寺の正倉院は聖武天皇の遺品が納められ、天平文化の粋を物語る宝物が納められたが、その中に武蔵の橘樹郡の刑部国当《おさかべくにあて》が貢納したという調庸布一端がある。これは養老元年（七一七）の規定で、庸と調の布を合成して一人一端を納めることになったのに見合う貢納物である。

武蔵国からの調庸は『延喜式』によれば、調では帛《はく》・布・綾が、庸では布・綿が、中男作物では麻・紙・木綿・紅花・茜を納める規定であるが、平城京の二条大路からは「橘樹郷茜十一斤」と記された荷札の木簡が出土しており、橘樹郡からの中男作物とわかる。

こうした製品を都に運ぶためにも公民は使役された。武蔵国は東山道に属していたので、当初は上野国《こうずけのくに》を経て運上されていたと考えられるが、先の都筑郡から派遣された防人の歌には足柄山が詠まれているので、東海道を西上したのであろう。

歌人の田辺福麻呂《たなべのさきまろ》が東海道を下ってきて足柄の坂を通った時に倒れていた死人を見た歌も巻九に載っている。福麻呂は橘諸兄の使者として越中国に赴いて国守《くにのかみ》の大伴家持と和歌のやりとりをしていた歌人であったが、足柄で死人を見て、任務を果たし国に帰ろうと下って来たのにと哀れんで歌っている。長いのでその一部を掲げよう。

今だにも国に罷りて　父母も妻をも見むと思ひつつ　行きけむ君は鶏が鳴く東の国の恐《かしこ》
きや　神のみ坂ににきたへの衣寒らにぬばたまの　髪は乱れて国問へど国をものらず
家問へど家をも言はず、ますらをの行きのまにまに　ここに臥《こ》やせる（一八〇〇）

妻が作ってくれた折角の柔らかい衣服も寒々しく、髪はぼさぼさ、国や家を尋ねても答えずに横たわっている、と詠んでいる。飢えといえば、天平神護元年（七六五）に飢饉が諸国を襲ったことから二月に相模、四月には武蔵で飢人に食料が与えられている。

このような過重な負担から仲麻呂政権は天平宝字元年（七五七）に雑徭を半減し、東国の防人を停止し、天平宝字二年（七五八）正月には京畿七道に問民苦使《もみくし》を派遣、翌年五月には常平《じょうへい》倉《そう》を置くなど儒教思想に基づいた仁政による民政安定化に取り組んだ。

武蔵国をめぐる動き

宝亀二年（七七一）一〇月に太政官奏により武蔵国が東海道に属することとされた。武蔵国が東山道に属しながら東海道の負担も負っており、公の使者への接待が大変であることや、東山道の使者も一度武蔵に下ってきて戻るのは不便なこと、武蔵から下総に行く東海道が整備されていることなどがその理由であった。

東海道の駅は三〇里ごとに一駅が置かれ、足柄の坂本駅から東へ行くと箕輪駅、浜田駅、店《まち》屋《や》駅、小高《おだか》駅が一〇世紀初めの『延喜式』に載っている。このうち店屋駅は横浜市域に近く、小高駅は川崎市域と考えられている。

武蔵が東海道に属するようになった時の武蔵守《むさしのかみ》は、宝亀元年（七七〇）八月に任じられた高《こ》麗朝臣福信《まのあそんふくしん》であり、この高麗氏は高句麗からの渡来系氏族で、六六八年の高句麗滅亡とともに渡来し、霊亀二年（七一六）に武蔵の高麗郡が本拠と定まり、天平勝宝二年（七五〇）に高麗朝臣の氏姓を与えられた。福信は伯父行文《ゆきふみ》に伴われて上京し、相撲の巧者であったことも幸いして立身出世し、藤原仲麻呂の信を受けて紫微少弼《しびしょういつ》となり、天平勝宝八歳（七五六）に出身地の武蔵の国守に任じられ、天平神護元年に従三位《じゅさんみ》に昇り、再び武蔵守となったのである。

そのため武蔵への思いが強かったのであろう。太政官を動かして武蔵を東海道に属させるために努力したものと考えられる。東海道は海上輸送により物資や人員の大量運搬が可能であったからその負担の軽減を考え、東北地方の対蝦夷戦争のために太平洋岸を経ての物資補給をも考えてのことであったと見られる。

ただそのころから東北地方の蝦夷との戦争のために関東地方の多くの兵士が動員され、負担は重くのしかかってきた。『日本霊異記』には武蔵の多摩郡小河郷の大真山継《おおまのやまつぐ》が、蝦夷を滅ぼすために遠征するにあたり、妻が観音を造って無事の帰国を祈った話が見える。夫が無事に帰ってきたので喜んで、二人で観音への信仰を深めたのであったが、仲麻呂の乱に与したとして処刑されかけたものの、観音に助けられたという。

Ⅱ・2　横浜市域周辺の古代の道　横浜市歴史博物館提供

その仲麻呂の乱は天平宝字八年（七六四）に起きた。この六年前に孝謙天皇が譲位し、大炊王が即位したのであるが（淳仁天皇）、同四年に光明皇太后が亡くなって、五年に孝謙太上天皇が平城京改造のため近江の保《ほ》良宮《らのみや》に移った。その時に病気となった際に看病に当たったのが弓削《ゆげ》氏出身の僧の道鏡であって、これの台頭によって仲麻呂は没落の道を歩んだのである。

道鏡の台頭と没落

道鏡は東大寺別当の良弁《ろうべん》の弟子で、葛城山で山林修行を積んで宿曜秘法《すくようひほう》を会得していたといわれ、良弁が建てた近江の石山寺に住んでいて孝謙太上天皇に招かれ登用されていった。同六年六月、太上天皇は淳仁天皇が不孝を働いたので仏門に入って別居すると表明するとともに、国家の大事や賞罰については自分が定めるという詔を出した。

天皇と押勝《おしかつ》（名を仲麻呂から改めていた）が道鏡を除くように働きかけたことに不満を持ちこの挙に出たのである。危機感をつのらせた押勝・天皇らと、太上天皇との勢力争いが始まり、天平宝字八年（七六四）九月、押勝が軍事の準備を始めていることを察知した太上天皇が、天皇の手から軍事指揮権を象徴する駅鈴《えきれい》と内印を回収した。そこで押勝は太政官印を奪って近江国に逃れたのであるが、国府に入れず越前を目指したその途中で追撃にあい殺害されてしまう（仲麻呂の乱）。

これにともなって太上天皇は道鏡を大臣禅師《だいじんぜんし》に任じ、一〇月には天皇を廃して淡路に流し、事実上、皇位に復帰した。翌、天平神護元年（七六五）一〇月に太上天皇は道鏡の出身地の河内の弓削寺に行幸し、道鏡を太政大臣禅師に任じて群臣に拝賀を行わせ、離宮の由義宮《ゆげのみや》の建設を開始すると、一一月には尼天皇として即位し（称徳天皇）、翌年十月には道鏡を法王となし、法王宮職という官司を設けた。

ここに天皇＝法王の二頭体制が出現し、道鏡は仏教界に君臨して寺院の整備につとめ、称徳天皇は東大寺に匹敵する寺院として西大寺とその尼寺の西隆寺《さいりゅうじ》の造営を進めた。ただ天皇が皇太子を定めずに政治を進めることを宣言したので、皇位継承をめぐり次々と事件が起きる。

そうしたなか神護景雲三年（七六九）、道鏡を皇位につけるならば天下が太平になる、と豊前の宇佐八幡宮の託宣が伝えられるなか、宇佐八幡神が天皇側近の尼法均《ほうきん》の派遣を要請する夢を天皇も見たので、その神託を確かめるために法均の弟和気清麻呂《わけのきよまろ》を勅使として宇佐八幡宮に派遣した。

仏教政策を展開し、仏教統治を進める上でそれを支える神の加護が求められたのである。だが清麻呂が、託宣は虚偽である、と天皇の意に反する報告をしたため、怒った天皇は清麻呂を大隅国に配流した（宇佐八幡宮神託事件）。しかしその翌年二月、由義宮で重病に陥った天皇の看病に道鏡が召されておらず、神の支えを失った道鏡は天皇の寵愛をも失ったことが明らかとなった。

すぐにその軍事指揮権は藤原永手《ながて》や吉備真備らに奪われてしまい、八月に天皇が平城宮で亡くなると、群臣が集まって評議し、天智天皇の孫で施基皇子《しきのみこ》の子白壁王が推されて即日に皇太子となり、その新皇太子の命によって道鏡は失脚し、下野国《しもつけのくに》の薬師寺別当に追放され、和気清麻呂らは配流先から呼び戻された。

神仏習合

宇佐八幡の神託事件に見られるように、仏教政策を展開し仏教統治を行うのを支えるうえで神の加護が求められたのである。すでに年号も仲麻呂の乱平定に神の加護があったとして天平神護に改元されており、さらに祥雲が現れたとして神護景雲とも改元されている。

早くは大仏を造営した際、それを助成するため宇佐八幡神が輿《こし》に乗った神官に奉じられて上京したことがあり、宇佐神に位が授けられていた。このような宇佐神への信仰、神への信仰が広がりを見せたのは、養老四年（七二〇）二月、大隅国の国司が殺害された事件からである。

朝廷は大伴家持の父旅人《たびと》を征隼人持節大将軍に任じて征討にあたらせ、やっとのことで隼人に勝利したのだが、その鎮圧に大きな役割を果たしたのが宇佐神であった。宇佐にいた僧法蓮が隼人征討のための祈祷を行なったところ、八幡神が自ら征討に赴いて勝利を得たという。

養老五年（七二一）、その褒賞として隼人征討の滅罪のため生き物を放って殺生を禁断する放生会《ほうじようえ》を開くことが認められ、宇佐神社境内に神宮寺が設けられて弥勒寺と命名され、八幡神が勧請された。天平一三年（七四一）には聖武天皇が「八幡神宮」と称し三重塔を寄進したことで、宮寺八幡宮の位置付けが確定し、創建された東大寺にも八幡神が勧請され手向山八幡《てむかいやまはちまん》と称された。仏が神を加護するために建てられたのが神宮寺であって、宇佐八幡のみならず越前神宮寺や若狭神宮寺など諸国で神を鎮護する神宮寺が生まれた。

伊勢の多度《たど》神宮寺の場合、僧満願《まんがん》が天平宝字七年（七六三）に多度神宮の傍らに住んで阿弥陀仏を拝していたところ、多度の神から「重い罪によって神に身をやつしてしまった。できるならば神の身を離れ、仏教に帰依したい」という託宣があったので堂を造り、神像を安置したという。満願は天平神護年間には常陸に鹿島神宮寺を創建し、相模の箱根神宮寺の創建にも関わっている。『日本霊異記』には、近江野洲郡の三上嶺の神が大安寺の僧恵勝《えしょう》の夢に出て、法華経を読むように求めたという話も見える。

悩める人々を救うことができなくなった神の力の衰えを、仏が加護することによって仏神一体となって支え合う関係が生まれ、いっぽう布教に苦悩する仏を神が加護することも行われた。このような関係を神仏習合《しんぶつしゅうごう》という。習合とは異質な領域間の調整・統合機能であって、仏の領域の拡大が神の領域と接するなかで、その二つをいかにすり合わせるべきかが課題となって、神仏習合という考えが生まれたのである。

宝亀元年（七七〇）一〇月に白壁王が即位したが（光仁天皇）、同三年に皇后の井上内親王が呪詛により大逆を図ったという密告によって皇后を廃されると、五月には他戸親王《おさべしんのう》も皇太子を廃されてしまい、百済からの渡来系氏族の血を引く高野新笠《たかのにいがさ》の産んだ山部親王が同四年に皇太子に立てられた（後の桓武《かんむ》天皇）。

それからは相次いで死者が出た。天皇の同母姉の難波内親王が亡くなり、井上内親王と他戸親王が幽閉先で急死、藤原式家の兄弟も相次いで亡くなった。光仁天皇や山部親王も死の淵をさまよう大病を患った。このことからこれらは井上内親王の怨霊によると考えられるようになり、ついに天応元年（七八一年）、天皇は病を理由に皇太子に譲位し、一二月に亡くなる。

このような政変や死者が相次ぐなかで「死魂《しこん》」を祀る動きが登場するようになったが、それはすでに天平年間に始まっている。天平二年（七三〇）の詔は、「死魂を妖祀《ようし》して祭る所あり」と指摘しており、天平宝字元年（七五七）の勅では「亡魂《なきたま》に託して浮言する」事態を指摘している。仏教信仰が民間に広まってその基層信仰と接するなか、仏の領域と神の領域の境界に生じたのが死魂の祟りを信じる御霊《ごりよう》信仰である。祟りを鎮めるために経が読まれたり、陰陽師の占が用いられたりするなど神仏習合の広まりとともに広がった。

2　宮廷社会の形成――習合の広がり

新王統に向けて

天応元年（七八一）四月に位についた桓武天皇は、母の身分が低く臣下の身からの即位という事情もあって、即位の年が中国で大きな変革（革命）がおきるとされる辛酉《しんゆう》の年にあたることから、平城京に根を張る旧勢力との決別を果たす意図により遷都を決断した。

延暦二年（七八三）に和気清麻呂を摂津大夫に任じ、三年に造長岡宮使に中納言の藤原種継《たねつぐ》を据えると、遷都の地に長岡を選んだ。ここは平城京から北へ四〇キロの山城盆地の西、向日《むこう》丘陵の南端、桂川・宇治川・木津川など三本の大河川が淀川となる合流点をおさえる地であって、列島各地との交通の便がよかった。延暦三年に長岡遷都を宣言し、三一万人の労働力により突貫事業に入った。

桓武は天皇の位置づけを大きく変化させていった。延暦四年（七八五）一一月に昊天祭祀《こうてんさいし》を中国の皇帝に倣って行ったが、天神と父の光仁天皇とを祀り、光仁新王統の二代目として自らを位置づけたもので、ほかにも新王統を示すための様々な手をうった。先祖の命日を祀る国忌《こっき》は、国家的な忌日《きにち》として天皇は政務を休み、追善の行事を行うこととされてきたが、次第にその数が増えていたので、『礼記《らいき》』を参照して唐の皇帝の祭祀に範をとり、国忌の対象を桓武天皇に関係の深い七人に限定すべきことを太政官が奏上させた。

長岡京の造営を進めるなか蝦夷の征討事業にも乗り出していった。天平宝字二年（七五八）、仲麻呂（押勝）の子朝狩《あさかり》が桃生柵《ものうさく》と雄勝柵《おがちさく》の造営を始めてから東北経営は本格化しており、宝亀五年（七七四）、桃生城《ものうき》を蝦夷が襲ったことから按察使大伴駿河麻呂《おおとものするがまろ》に征討を命じ、ここに三十八年戦争と呼ばれる「蝦夷征討の時代」が始まっていた。

延暦七年（七八八）三月、桓武天皇は東海・東山・北陸道の諸国に命じて陸奥へ軍粮を送らせ、坂東諸国から五三〇〇〇の兵士を集めて多賀城に向かわせ、七月に征東大使に紀古佐美《きのこさみ》を任じた。しかし阿弖利為《あてるい》率いる蝦夷に朝廷軍は多くの損害を出し遠征は失敗に終わってしまう。そこで延暦九年に諸国に革製の甲《よろい》二〇〇〇領を造らせ、坂東諸国に米を準備させると、同一〇年七月に征夷大使に大伴弟麻呂《おとまろ》、副使に坂上田村麻呂ら四人を任命して蝦夷征伐に本格的に取り組んでいった。天皇は「東の小帝国」の威信を示そうとしたのである。

だが蝦夷征討が容易にその実を結ばず、長岡京の造営も停滞していたことから、延暦一一年（七九二）には陸奥・出羽・佐渡・大宰府を除く諸国の軍団制を廃止し、郡司の子弟を募って健児《こんでい》の制を定め、百姓らの兵役負担を解消し、軍事面を東北経営に集中させた。

しかし皇太子の発病など様々な変事が起き、これらが怨霊によるという占が出たので御霊を鎮める儀式を行った。御霊の祟りが公式に認められた最初であるが、さらに長岡遷都は祟られているという考えも湧き上がった。そこで延暦一二年（七九三）、和気清麻呂の建議を得て、天皇は再遷都を宣言する。

平安京遷都

新都は長岡京の北東一〇キロ、鴨川や桂川の二つの川に挟まれた山背国北部の葛野《かどの》郡・愛宕《おたぎ》郡の地が選ばれた。「葛野の地は山や川が麗しく四方の国の人が集まるのに便が良いところ」というのが選定の理由で、その造営には和気清麻呂が造営大夫としてあたった。

宮城（大内裏）に始まって、京市街地の造営が進められ、京の中央を貫く朱雀大路の最北に皇居と官庁街を含む大内裏が設けられ、その中央に大極殿が、後方東側に天皇の住まいの内裏が設けられた。都の東西を流れる鴨川や桂川沿いに湊が整備され、全国から物資を集めて都に物資が運ばれた。都の中には大きな二つの市（東市、西市）が立ち、食料や物資の安定供給の仕組みが整えられた。

こうして延暦一三年（七九四）一〇月に天皇が新京に移って、翌月に山背国を山城国に改名する詔を下している。新京が出来たことを喜んで集まった人々は、喜びの歌を異口同音に「平安の都」と叫んだのでこの都を「平安京」と名付けることにしたという。

天武天皇が新王朝を表明して『日本書紀』の編纂を命じたのに倣い、『日本書紀』に続く『続日本紀《しょくにほんぎ》』の編纂も命じ、延暦一六年（七九七）に完成する。歴史書は前代までの歴史を記すのが通常であるが、当代の歴史までを記させていて、そこからは当代の歴史的正統性を明らかにする意図が明白に認められる。

造都を進めるなか、再び東北地方に目を向けた天皇は、延暦一六年（七九七）に坂上田村麻呂を大将軍になすと、延暦二〇年（八〇一）九月に蝦夷を討ったという報告が入ったので、翌年に田村麻呂に胆沢城を築かせ、鎮守府を多賀城から移させた。田村麻呂は七月に降伏した大《た》墓公《ものきみ》の阿弓利為《あてるい》らを連れて上京し、その願いをいれて助命を求め、蝦夷懐柔策をとるよう提言したが、群臣が反対し河内国での処刑となった。

造都と軍事を進めるなかにあって、天皇は南都の僧には厳しい姿勢をとった。延暦二年（七八三）に私的に寺院を造ることを禁じ、長岡京での寺院造営を認めなかったが、平安京でも東寺《とうじ》と西寺《さいじ》を除いて新たな仏教寺院の建立を認めなかった。南都を仏都とし、平安京を帝都とすることを意図してのものであり、僧たちには戒律を守らせ、山林修行の修行僧の活動を重視した。

延暦二〇年（八〇一）、宝亀六年（七七五）の派遣以来、途絶えていた遣唐使を派遣した。藤原葛野麻呂《かどのまろ》が大使に任命され、渡航の失敗もあったが三年後にやっと大陸に渡った。唐では安史の乱以後、商業課税を導入した結果、国家の統制下で民間の海外渡航や貿易を許すようになっており、国内情勢の不安定さから外国使節を厚く待遇する方向へと転じていた。こうした事情や蝦夷征討事業に自信を得ての遣唐使派遣となったのである。

この時に唐に渡ったのが最澄と空海であって、学問僧として空海が第一船に、請益僧《しょうやくそう》（短期留学生）として最澄が第二船に乗った。二人は山林修行を通じて天台教や真言密教を学んでおり、このことが天皇の求める護国の仏教に見合っていたからであろう。

遣唐使が出港した延暦二三年（八〇四）、坂上田村麻呂を征夷大将軍に再任したが、決定的な勝利までは得られず、造作と軍事両面の負担が政府に大きくのしかかってきた。そこで翌二四年一二月に公卿たちに「天下徳政」を論じさせると、これに応じて藤原緒嗣《おつぐ》は、「今、天下が苦しむ所は、軍事と造作となり。この両事を停めば、百姓安んぜん」と、二つの停止を主張すると、この緒嗣の意見がいれられ、造都は中止となり造宮職が廃された。天皇が「徳政」を論議させた背景には、その政治基調が唐の儒教に基づく政治に多くを依拠していたことによるものであるが、その翌年（八〇六）に天皇は亡くなった。

嵯峨朝の宮廷

桓武天皇の跡を継いだ平城《へいぜい》天皇であったが、大同四年（八〇九）四月に病気を理由に在位僅か三年にして弟の神野親王《かみのしんのう》（嵯峨天皇）に譲位して太上天皇となり、一二月に旧都の平城京に寵愛する薬子《くすこ》の兄藤原仲成《なかなり》が造った邸宅に移り住むと、その翌年九月、貴族たちに平城京への遷都の詔を出し政権の掌握を図る挙に出た。

しかしこの動きを察知していた嵯峨天皇が機先を制し、首謀者として薬子の官位を剥奪し、上皇が挙兵して薬子とともに東国に向かうのを坂上田村麻呂が遮った。やむなく上皇は平城京に戻って仏門に入り、薬子は服毒自害を遂げた（薬子の変、平城太上天皇の乱）。

嵯峨天皇は弘仁元年（八一〇）に天皇の秘書官として蔵人頭《くろうどのとう》を設置し、巨勢野足《こせののたり》と藤原冬嗣《ふゆつぐ》を任命して天皇からの命令系統を一本化し、即位後の難局を乗り切り積極的な政治改革に乗り出していった。

翌二年（八一一）に蝦夷征討に活躍した坂上田村麻呂が亡くなったので文室綿麻呂《ふんやのわたまろ》を征夷大将軍に任じ、兵二六〇〇〇を率いての征討を行わせると、やがて東北地方は小康状態に入り、降伏した蝦夷は「俘囚《ふしゅう》」として諸国に移住させられ、現地に残る蝦夷は「夷俘《いふ》」として陸奥・出羽の国司が懐柔策をもって対応し、弘仁四年には「中外無事」が宣言され、三十八年戦争は終わりを告げた。

天皇は桓武天皇の意思を継承し、桓武王統の正統化をはかるために勧められてきた『新撰《しんせん》姓氏録《しょうじろく》』の編纂を弘仁六年（八一五）に完成させている。京および畿内に住む一一八二氏を、その出自によって「皇別」・「神別」・「諸蕃」に分類してその祖先を明らかにするとともに、氏《うじ》名《な》の由来や分岐の様子などを記させたものである。膨大な法令を整備すべく格の編纂も桓武天皇の意思を継承し、『弘仁格式』を弘仁一一年（八二〇）に完成させた。

格《きゃく》は律令への追加法、式は律令や格の施行細則で、中国では律令と並んで格式も同時に編纂されていたが、日本では制度化を順次進めてきた関係もあって、律令の改変をともなうような格式の編纂が遅れていた。天長七年（八三〇）に施行され、以後、『貞観格式』『延喜格式』と続く格式編纂の時代となり、律令は編纂されなくなった。

律令により定められた官司制にも大きな変化が生まれていた。蔵人所が緊急事態における軍事力編成や命令伝達に関わって設けられたことから、人事を天皇に集中させる機能が帯びるようになり、さらに天皇の内廷諸機関を支配下におくようになって、内膳司《ないぜんし》や内蔵寮《くらりょう》などの官司と密接な関係を持ち、やがて天皇の家政は蔵人所に集約されていった。

天皇を護衛する左右近衛府の大将や次将には、天皇との個人的関係が重視され、藤原北家や源氏の比率が高くなった。国政の実務を担う太政官の弁官局にも藤原氏や源氏の進出が目立ち、八省長官の卿には親王や王が任じられるなど、宮廷貴族が育っていった。

京の治安維持のために検非違使《けびいし》が置かれ、天皇の命令を受けての警察・治安が一本化されてゆく。弘仁七年（八一六）に左衛門大尉吉田書主《ふみぬし》が検非違使の実務を兼ねるようになったのが検非違使の初見で、承和元年（八三四）には左右検非違使を総括する検非違使別当が置かれ、京や畿内の非違糾弾権を掌握した。従来の官僚機構では迅速な対応に欠けているのを補ったところの令外官《りょうげのかん》の設置である。

漢詩文化と和風文化

嵯峨朝で宮廷貴族が形成されるなか、その文化は大陸文化から多大な影響を受けていた。弘仁五年（八一四）に文章《もんじょう》は「経国の大業」（国家経営の大事業）であるという文学観に基づいて、初の勅撰漢詩集『凌雲《りょううん》集』が編まれ、それに続いて『文華秀麗集』が四年も経ずして作詩が一〇〇余篇にもなったとして弘仁九年（八一八）に藤原冬嗣や菅原清公《きよきみ》らの撰により編まれた。天皇を中心にした詩作の広がりがうかがえるもので、天長四年（八二七）には『経国集』も編まれて漢詩文全盛の時代が到来した。

唐風文化が広く行きわたってゆくなか、弘仁九年には菅原清公などの提言によって、儀礼制度の改革もなされ、身分の低い者が高い者に対しては「唐礼」で行うものと規定された。弘仁一一年（八二〇）には天皇は神事の際には古来の帛衣《はくのきぬ》（白の練絹）を着るが、重要な行事の際には中国風のきらびやかな礼服や礼冠に身を包むとされ、天皇・皇后・皇太子・太上天皇の服装や役割が明確に定められた。

官人の服色や位階を記す位記も中国風に改められ、内裏の建物や諸門の名称が中国長安城に倣って変えられている。内裏正殿の南殿が紫宸殿《ししんでん》に、その後ろの寝殿が仁寿殿《じじゅうでん》と改められ、宮城の出入り口の一二の門も軍事氏族の名をつけて大伴門、玉手門、佐伯門、伊福部《いふくべ》門などと称していたのを、応天門、談天門、藻壁《そうへき》門、殷富《いんぷ》門などに変えられた。門の額の名は空海・嵯峨天皇・橘逸勢《たちばなのはやなり》らの書の名人（「三筆」）によって書かれたが、空海の書法は王羲之《おうぎし》の書法に顔真卿《がんしんけい》の法を加えたもので唐風であった。

しかし唐風文化が席巻した嵯峨・淳和《じゅんな》朝の後を受けた仁明《にんみょう》朝になると、新たな動きが始まる。仁明天皇は、聡明で「衆芸」に通じ、経史を愛して通覧し、漢音に練達し、書法に秀でていた、と高く評価されたが、その文化を物語るのが和歌文化の復興であり、『古今和歌集』の序に載る六歌仙こと遍昭《へんじょう》・在原業平・文屋康秀・喜撰・小野小町・大友黒主《くろぬし》らが登場するところとなった。

この和歌の復興は平仮名の発達とも関わっていた。万葉仮名を発展させた平仮名文が考えられるなど、こうして唐風の浸透とともに和の風が見直されていった。唐風文化の影響を受け和風文化が発展したことは、和漢習合の考えにともなうものであり、それは楽制の改革にも認められる。楽師は楽の生まれた国別に置かれていたのが改められ、左方唐楽（唐楽・林邑楽《りんゆうがく》）と右方高麗楽《こまがく》（高麗楽・百済楽・新羅楽・渤海楽）に整理され、楽器も統一されて王朝雅楽が整えられ、和風の奏楽体制が成立する。

上級官司が貴族に占められてゆくなか、学業や芸能に優れた氏族は諸道において世襲する道へと向かった。文章道《もんじょうどう》の菅原・大江氏、明法道《みょうほうどう》の讃岐・惟宗《これむね》氏、算道の家原・小槻《おつき》氏、明経《みょうぎょう》道《どう》の善道《よしみち》・紀氏、暦道の大春日《おおかすが》氏などである。

また朝野の習俗や祭礼、大陸伝来の風俗や修法などを年中行事に統合して儀式が整備されてゆき、仁和元年（八八五）には清涼殿《せいりょうでん》に一年の公事を記した『年中行事障子《ねんじゅうぎょうじのしょうじ》』が置かれた。

地方の土地制度と習合の動き

土地制度にも習合の考えが働いた。八から九世紀にかけて上皇や皇后、皇子皇女などの院《いん》宮《ぐう》、中納言以上の公卿（王臣家《おうしんけ》）は院宮王臣家と称され、経済的に厚遇されるなかで私的大土地所有を展開し、広く荘園を成立させてきたが、それに対抗して国司も公的支配を維持・進展させ、公領支配の体制を整えていった。

弘仁八年（八一七）から七年連続しての干害などの被害を受け、また嵯峨天皇の皇子皇女が多数いて宮廷の生活費がかさみ財政難が深刻になったため、政府は墾田永年私財法を改正して大土地所有制限を緩和するとともに、公営田《くえいでん》や勅旨田《ちょくしでん》などの国司主導の荒田開発を進めた。武蔵国では天長六年（八二九）に空閑地の二九〇町が勅旨田とされ、翌年に二二〇町が開発されて勅旨田とされた。

　この動きに応じて院宮王臣家は官人を組織しその家政機構を整え、国司や地方の豪族に働きかけて経済を充実させるために動いた。その財源は諸国の封戸や職《しき》・位田《いでん》、墾田・荘園などで、当初は国司の支配に依存していたが、経営の不安定さを解消するために在地の富裕な勢力と結んでいった。その富裕な勢力とは、『日本霊異記』下巻の一四話に見える、越前国加賀郡で本郷を離れた浮浪人《うかれびと》を雑徭に駆使し、庸調などを徴収していた「浮浪人の長」や、巻二二話に見える、信濃国小県郡跡目の里で多くの財宝に富み銭や稲を出挙《すいこ》（貸付）をしていた他田舎人《おさだのとねり》蝦《えび》夷《す》などの富豪の輩であった。

Ⅱ・3　緑区東耕地遺跡出土の墨書土器
「岡本寺」の文字が見られる。神奈川県教育委員会所蔵

　こうした勢力と結んで活動を広げていった院宮王臣家に対し、国司も独自にその在地勢力と結び、さらには院宮王臣家とも結ぶようになった。本来はこの相容れない領域の摺合せにより地方の経済は成り立っていたのである。

　横浜市域の動きを見ると、都筑区池辺町《いこのべちょう》の薮根《やぶね》不動原遺跡からはこの時代の竪穴建物や掘立柱建物からなる集落が発掘されている。二箇所で二棟以上の掘立柱建物の組み合わせが認められ、四面に庇《ひさし》が付いた建物とそれに付随する建物からなり、灰釉《かいゆう》陶器の瓶や素焼きの瓦塔《がとう》の破片が出土していてこれらは集落の堂であったと知られる。権田原遺跡（都筑区）や東耕地《ひがしこうち》遺跡（緑区）からも堂に関わる遺構や遺物が発掘されている。

寺とともに神も祀られていた。都筑郡の杉山神社は承和五年（八三八）に霊験があったことから官社とされたことが『続日本後紀』に見えるが、令の解釈書『令集解《りようのしゆうげ》』の春時祭田の記事によれば、春秋ごとムラごとに祭が行われ、それを中心に担うのは「社官」で、費用はムラやムラ人が負担するとある。地方の諸国でも仏の教えと神への祭礼によってムラが成立しており、それが中央の文化や政治を成り立たせていたのである。

このように本来は相容れない二項対立に遭遇して両者をどう調整すべきか、そうした経緯で生まれてきたのが習合という考えであって、異質な領域にある両者の一方を拒否するのではなく、妥協点を探って共存させる営みであった。

なかでも神仏習合からは、やがて神は仏の現世における仮の姿であるという本地垂迹《ほんじすいじやくせつ》説が生まれて広く定着していった。興福寺の鎮守で、藤原氏の氏社《うじしや》である奈良の春日社にも一〇世紀から神仏習合の信仰が入ってきており、各神の本地が菩薩や如来であると信じられるようになった。

皇族や有力な貴族たちの院宮王臣家の私的大土地所有と、それに対抗する国司の公領支配の体制という、本来は相容れない領域の摺合せからやがて成立を見るようになったのが院政期に確立する荘園公領制である。荘園を朝廷が体制的に認めざるをえなくなり、その半面で国司による公領支配が画定していった。

やがてこの荘園・公領の中に生まれてきた開発領主らによる私的支配を組み込んだ体制として地頭制が定着してゆくのも習合の思潮に基づいていると見てよいであろう。しかもこの地頭制を基軸にして成立してきた武家政権と朝廷の公家政権が併存する体制が鎌倉時代に生まれたが、これは公武習合の動きとでもいうべきものであって、武家政権はこの公武習合に沿って七〇〇年にわたって存続したのである。

Ⅲ　兵から武士へ

称名寺の本堂と赤橋　神奈川県立金沢文庫提供

六　大地に挑む開発の世紀——摂関政治の時代

大地変動とその影響

九世紀後半に日本列島を襲ったのは相次ぐ自然災害であった。二〇一一年三月の東日本大震災の規模に匹敵する地震と大津波が貞観《じょうがん》一一年（八六九）に東北地方を襲った。その五月二六日、陸奥国に「地の大震動」があって津波が陸奥を統治する多賀城の城下にまで襲ってきた様子を国司が次のように報告している（『日本三代実録』）。

流れる光が昼のように照らし、叫び声をあげて身を伏して立っていられなかった。家屋の下敷きで圧死し、地が割れて埋もれ、牛や馬が驚いて走り出し互いに踏みつけ合った。城郭や倉庫・門櫓《もんろ》、壁ははがれ落ちた。海鳴りが雷鳴のようにあがり、川が逆流、津波が長く連なって押し寄せたちまち城下に達した。海を去ること百里、果てしもなく水浸しになり、原野も道路もすべて海となった。船で逃げることもできず、山に登るのもできずに溺死者は千人、財産や農地はほとんど何も残らなかった。

この時、横浜市域がどんな状況であったかはわからないが、九年後の元慶《がんぎょう》二年（八七八）

九月の関東諸国での大地震では相模・武蔵で被害が甚大だったというので、これはその余震だったのであろう。列島を襲ったのは地震だけではない。貞観六年（八六四）五月には、駿河国から富士山が噴火した報告が都に届いている。「噴火の勢いは甚だしく、山火事は二里四方、光炎の高さは二十丈ほどに及んだ。雷鳴のような音がし地震が三度あり、十余日経っても火はおさまらず、岩を焦がし、嶺を崩して砂石が雨のように降ってきた」という。この噴火の影響も横浜市域に及んだであろう。

貞観一三年（八七一）には東北地方の出羽鳥海山が噴火し、九州薩摩の開聞岳《かいもんだけ》も同一六年に噴火している。ほかにも地震や大風などの自然災害の記事は毎年のように『日本三代実録』に見える。だが列島を襲ったのは自然災害だけではなかった。京では毎年のように疫病が襲っていた。

貞観年間には「近代以来、疫病頻発し、死亡甚だ衆《あまた》なり」と、疫病によって多くの死者が生まれており、貞観四年（八六二）の疫病では内裏や建礼門・朱雀門などで災いを祓う大祓《おおはらえ》を行ったが、その効果はなく疫病は政治的に失脚した人々の「御霊」によると見なされ、その祟りを鎮めるために内裏の南にある遊園の神泉苑で、僧が『金光明経』や『大般若経』の読経を、伶《れい》人《じん》（雅楽の奏者）が雅楽を、童が舞を行い、その他の芸能も行われた。

こうした大地変動に応じて都と地方諸国では新たな動きが始まるとともに、それに続く疫病や外敵の侵入などにも政治に対応が求められ、その治世を担うことで始まったのが藤原良房によって開かれた摂関政治である。

摂関政治の始まり

嵯峨朝で蔵人頭になって藤原北家の発展の基礎を築いた藤原冬嗣の子の太政大臣良房は、文《もん》徳《とく》天皇が天安二年（八五八）に亡くなったので幼少期から育てていた九歳の惟仁《これひと》親王を即位させると（清和天皇）、唐の太宗の治世「貞観の治」にあやかって貞観に改元し新たな政治を展開していった。

京都を対象とする都市法令を出して京都の整備にあたり、『貞観交替式』や『貞観格式』の施行など法制整備にも力を入れ、歴史書『続日本後紀』も完成させ、貞観永宝を鋳造している。貞観八年（八六六）に応天門の変によって大納言伴《ともの》善男《よしお》が失脚すると、八月一九日に「天下の政を摂り行はしむ」と、摂政を命じられ、天皇を補佐して国政を総攬する摂政の地位がここに始まった（『日本文徳天皇実録』）。

貞観年間の列島規模での異常事態が政治への求心力を生んだことを利用し、摂関政治の道を切り開いたものであり、その死後を継承した養子の基経も摂政・関白となり、ここに摂関政治が行われることで、天皇の政治を摂政・関白が支えることで天皇を中心とした政治が安定していった。皇位をめぐる度重なった皇族間の争いは以後、影をひそめ、宮廷社会と宮廷政治が確立した。

寛平《かんぴょう》三年（八九一）に基経が亡くなると、基経に支えられてきた宇多天皇は親政への意欲を燃やし、菅原道真のような文人政治家を起用して政治改革を試みたので、その治世は後代に「寛平の治」と称された。天皇は政務を直接に支える蔵人所の充実をはかり、内裏である清涼殿に昇殿する資格を天皇の代ごとに官人の審査をして認めることとし、側近をその殿上人として待遇し、内裏には参議以上の公卿、蔵人頭指揮下の殿上人が伺候《しこう》して、天皇を支える体制が整えられた。宮廷社会の身分秩序はここに明確に定まり、以後、基本的に明治維新に至るまでこの秩序は継承されることになる。

また天皇が朝廷の儀式に公的に出席する機会が少なくなり、京都とその近郊への外出も特別な時に限られるようになった。寛平七年（八九五）には上層貴族の京都居住が義務化され、五位以上の王族や貴族の行動範囲が、東は逢坂、南は山崎・淀、西は摂津・丹波の境、北は大江山の範囲に限られた。

寛平九年（八九七）、宇多天皇は醍醐天皇に譲位するに際して『寛平御遺誡《かんぴょうのごゆいかい》』を与え、天皇の心得を示し、政務に関する注意や人物の登用について記し、藤原基経の子時平と道真を重用するように求めた。これに応じて醍醐天皇は時平を重用して荘園整理令を出すなど政治改革を行ない、勅撰和歌集の『古今和歌集』の撰集を紀貫之らに命じたので、宮廷文化の花が開いた。その天皇親政は子の村上天皇の政治とあわせて、「延喜・天暦の治」と称され、理想的な政治と称えられるようになってゆく。

京都と東国

政府の努力もあって飢饉や疫病に襲われていた平安京に、人々が土地を開いて住み着くようになった。土師器《はじき》や須恵器《すえき》などの律令制とともに広がった食器が衰退し、代わりに緑釉《りよくゆう》陶器や灰釉《かいゆう》陶器、黒色土器、白色土器などの新しい食器が登場してきたことを、京都市内の遺跡の発掘が伝えている。

もはや遷都は行われなくなった。賀茂社や石清水八幡社が京の東北・西南に鎮座して王城鎮護の神社とされ、祇園や稲荷、御霊社《ごりようしや》などの疫病を鎮撫する神社が京の周囲に設けられ、自然災害や疫病などに繰り返し襲われても、人々は京都に住み続けるようになり、永続的な都市「千年の都」となってゆく。

大地変動の影響は京よりも東日本にことに大きかった。貞観三年（八六一）に武蔵国で凶党群盗が横行したことから、郡単位に検非違使が置かれて警備がはかられ、貞観一二年（八七〇）に上総国で起きた群盗蜂起が「凡《およ》そ群盗の徒これより起これり」と評されたように、以後、東国での争乱は絶えることがなかった。元慶二年（八七八）には出羽の俘囚が秋田城を攻めて官軍を撃破する元慶の乱が起きており、三十八年戦争の後に戦乱のなかった東北地方でも戦乱が再び起きた。寛平元年（八八九）にも、「東国賊の首」物部氏永が蜂起するなど、東国での紛争は絶えなかった。

昌泰二年（八九九）、政府は東海道や東山道で荷駄の運送に関わっていた富豪の輩が、荷物運送用の馬を略奪して「僦馬《しゅうば》の党」をなし、甚大の被害を与えているとして、相模の足柄坂と上野の碓井《うすい》坂に関を置いて取り締まりをはかったが、ここに関東という地域性が生まれた。

他の諸国でも「富豪の輩」が列島規模の変動のなかで盛んな活動を繰り広げていた。八・九世紀に国々では郡司一族やその出身者、土着国司など律令官人の出身者がその蓄積した富によって墾田開発や田地経営を行い、百姓への出挙（高利貸付）を行なうなどして富の集積を図るようになっており、その「富豪の輩」は院宮王臣家や寺社に私宅や治田を寄進し、諸国の国衙からの租税を逃れようと動いていた。

地方のこうした情勢にあって、政府が出したのが延喜の荘園整理令である。国司に租庸調の遵守や班田の実施を命じ、院宮王臣家が地方の有力者と結びついて荘園を増加させている動きを食い止めようとしたものである。だが律令制的支配の遂行は不可能な段階に達しており、これは結果的に律令制復活の最後の試みとなった。

政府は租税収入を確保するために、租税収取や軍事などの権限を国司に大幅に委譲し、自由に国内を支配する権利を与えるようになり、国司は現地に赴任して国府行政の最高責任者となった。これを受領《ずりょう》というが、それは国司の交替の際に前任の国司から適正な事務引継を受けたことを証明する解由状《げゆじょう》という帳簿を受領したことに基づくもので、多くは国司の上位官である守《かみ》が受領となり、受領による任国統治が行われていった。

富豪の輩と受領

受領は富豪の輩の活動をただ規制していただけでなく、積極的に取り込んでゆく方策も求めていったのであり、その富豪の輩を農業経営者としての側面で呼んだのが「田刀《たと》」「田堵」の語である。「田刀」という表現には田地の開発者の側面がうかがえ、この田刀を国が賦課の対象として把握するようになると「田堵」の字が用いられるようになった。

富豪の輩が開発したと見られる横浜市域の遺跡は、都筑区の北川表の上遺跡、北川貝塚南遺跡、権田原遺跡、大原遺跡、西谷戸の上遺跡など川の谷奥に展開しており、富豪の輩の拠点と考えられる建物が早渕川流域の神隠丸山遺跡にあって、五三メートル四方の区画溝の内部に掘立柱建物が四棟、中央の建物は四間×二間、その西側には細長い建物があり、ほぼ一〇世紀前半のものと推定されている。

「田刀」の関係史料には出家した人物が多く見えるが、これは僧には租税の免除特権があったからでもあり、山野に分け入って開発を進めてゆくのには、僧の宗教力や知恵が必要とされたことも大きかった。この時期から山に分け入る僧の活動が展開している。『今昔物語集』巻二六の八話には、飛騨国の山野に分け入って道に迷った僧が、ある郷に出て豊かな家に寄宿したところ、その家の娘が神の生贄とされるという話を聞き、神とされていた猿をこらしめついには「郷の長者」として崇められ、郷の人を仕えさせるようになったという話がある。

Ⅲ・1　平安時代の館跡の全景　都筑区神隠丸山遺跡
（公財）横浜市ふるさと歴史財団埋蔵文化財センター提供

一一世紀に著された『新猿楽記《しんさるがくき》』は、西の京の猿楽見物に集まった右衛門尉一家の構成を紹介する形で、当時の社会階層のあり方を描いているが、そのなかの一生不《ふ》犯《ぼん》の大験者《げんざ》は、何度も大和の大峰や葛城に通い、「辺道《へち》」（四国遍路）を踏み、その赴いた修験所は熊野や金峰《みたけ》、越中立山・伊豆走湯・比叡山根本中堂《こんぽんちゅうどう》・伯耆大山《ほうきたいせん》・富士山・越前白山・高野山・粉河《こかわ》寺・箕面《みのお》寺・葛川《かつらがわ》明王院であったという。こうした山々もこの時代には開かれたのである。

神奈川県下の箱根や大山《おおやま》、日向薬師《ひなたやくし》などが切り開かれたのもこの時期であるが、そうした僧の広範な活動や富豪の輩の開発と関連するのが、「貞観彫刻」と称される素朴な仏像が各地に造られていることである。横浜市南区の弘明寺の鉈彫《なたぼり》の十一面観音はその典型で、他にも青葉区真福寺の千手観音なども知られ、そこにはこの時代の開発の息吹がうかがえる。銘文がないために明らかになっていない貞観彫刻はまだ多く存在していると考えられる。

受領が直面したのは海賊や山賊の蜂起であり、その追捕《ついぶ》には富豪の輩の力を利用したり、従者を用いたりしていたが、蓄財によって任国に根をおろした受領も多くいて、彼らが武力に頼れば、それに反抗する人々も武力を用い、そこから「兵《つわもの》」が生まれてきた。

横浜の神隠丸山遺跡が立地する早渕川の対岸の西ノ谷《にしやと》遺跡からは竪穴形の鍛冶工房跡が発掘されている。その時期は一〇世紀後半と見られ、武器や武具、鉄製品が大量に出土していて、富豪の輩が兵に展開するなかで兵に供給されたものと見られている。

兵の登場

延暦一一年(七九二)に軍団が廃止されて、代わって郡司の子弟を中心に健児《こんでい》が組織され、規模の小さな健児制が導入され、これが国の兵制の基本となっていたのだが、この健児も「兵」

の一翼をなしていた。その兵の存在を生き生きと描いたのが『今昔物語集』である。天竺《てんじく》（インド）・震旦《しんたん》（中国）・本朝（日本）の三国の仏法と世俗の話を集めたこの説話集の世俗部には、妖怪霊鬼・盗賊・悪行・兵・笑いなど様々な話を収録していて、巻二六には北陸の越前の兵である有仁《ありひと》の婿となった藤原利仁《としひと》が、摂関家に仕えるなかで同じく仕えていた五位の侍が芋粥をたらふく食べたい、と語るのを聞きつけ、越前敦賀の家に連れ出した話を載せている。芥川龍之介の小説『芋粥』の元になった話である。

巻二五は第一話が「東国に平将門と云ふ兵有りけり」と始まって、平将門の乱を扱い、続く第二話は「伊予国に有りて、多くの猛き兵を集めて眷属《けんぞく》となし」と始まる藤原純友の乱の話で、その兵たちが起こしたのが承平《じようへい》・天慶《てんぎよう》の乱である。土地を開発するなかで、兵の間でしばしば争乱が起きていた。

平将門の祖父高望王《たかもちおう》は九世紀末に平朝臣《たいらのあそん》を賜姓《しせい》されて上総介《かずさのすけ》となって東国に下ると、その子らは関東の各地に勢力を広げていった。将門の父良持も下総北部に根づいており、その跡を継承した将門は子弟や従類、伴類を組織してさらに勢力を広げていた。この将門の乱を描いたのが『将門記《しようもんき》』である。

将門の追討にあたった平貞盛《さだもり》は公に仕える兵で、父国香《くにか》は前常陸大掾《だいじよう》で常陸に土着して石田に「舎宅」を構えており、常陸大掾 源 護《みなもとのまもる》も筑波山西北麓の真壁《まかべ》に宅を構えていて、彼らと下総豊田を本拠としていた平将門との間に争いがおきた。『今昔物語集』によればそれは将門の父良持の田畠をめぐる争いであったという。

承平五年（九三五）、護は将門の襲撃にあって敗れ、常陸の筑波・真壁・新治《にいはり》三郡の伴類の舎宅を焼かれた。これだけでは東国を舞台とした「兵」による日常の私合戦の一つに過ぎなかったが、ここから国家を揺るがす乱へと発展し、ついに将門は兵を率いて常陸国府を攻め、国府の印璽《いんじ》を奪って国の実権を握ったことから朝廷への反乱となった。

勢いに乗った将門は下野・上野の国府をも占領し、巫女の託宣によって「新皇《しんのう》」と称し関東諸国の国司を任命したが、この時に相模守に弟の平将文を任じたという。驚いた朝廷は天慶三年（九四〇）に坂東八か国に追捕凶賊使を任命し、藤原忠文を征東大将軍に任じて二月八日に東国に進発させたのだが、関東では左馬允《さまのじょう》平貞盛が下野国押領使《おうりようし》の藤原秀郷《ひでさと》と連携して将門を攻めたところ、将門は流れ矢にあたって一命を失い、乱はあっけなく終結した。

その功によって平貞盛は出世をとげ、桓武平氏のその後の発展の基礎を築くところとなり、源平の争乱で活躍する伊豆の北条氏や下総の千葉氏、常陸の大掾氏をはじめとする東国の平姓の武士の多くはその子孫である。

また将門の叔父良文は『今昔物語集』巻二五の第三話に登場している。同じく「魂太く心賢き兵」である武蔵の足立郡箕田《みだ》の源充《みつる》と合戦に及んだが、容易に勝負がつかないので一騎打ちの戦いに挑んで引き分けに終わったという。「村岡五郎」と称されたように、下総から武蔵大里郡の村岡に出て子孫が広がり、上総の平氏や秩父平氏、相模鎌倉氏などがその子孫である（一三二頁の略系図参照）。

開発の諸段階

山野や河海の開発は、これまでにも行われてきていたが、列島規模の大変動とともに荒地や未開の地の開発・再開発が広く進められ、平安京でも開発が進められ、奥山や高山の開発も盛んに行われた。そのため開発はこの時期から新たな意義を有するようになり、開発した土地の権利は開発者の本主権として認められていった。

『新猿楽記』に見える「出羽権介《でわのごんのすけ》田中豊益」は、農業経営を専門として数町の田地を経営する大名田堵であり、日照りに備えて農具や用水の整備に勤しみ、農民の育成にあたり、種播期には農民の作業を上手に指揮する勧農の達者であると紹介されているが、こうした勧農により土地の権利を確保してゆくようになって、以後、新たな時代は開発とともに始まる。

たとえば源頼朝は鎌倉幕府を開いた際に、武士の開発の基地である宅を安堵する「本宅安堵《ほんたくあんど》」によって武士たちを組織していった。北陸道には「勧農使」を派遣して源平の争乱で荒廃した土地の開発を進めたが、これが守護制度へと発展してゆく。鎌倉幕府の裁判を解説した

『沙汰未練書《さたみれんしょ》』は「御家人《ごけにん》とは開発領主として幕府の下文を得たもの」と定義しており、これは武士が開発領主として成長し、幕府から下文によって安堵されて御家人に組織されたことを意味している。兵や富豪の輩が開発領主として成長し、やがて政権の担い手になったのである。

中世も後期になると開発の担い手は村の名主《みょうしゅ》・百姓となり、戦国時代から江戸時代にかけては、新田開発は大名が担うようになったが、江戸中期からは城下町町人や商人により担われるようになった。横浜市中区の吉田新田はその典型であって、今に地名としてのこる新田地名はこの江戸中期に多く開発された土地である。

やがて開発の中心は農業開発から産業技術開発へと移ってゆき、近代社会を迎えることになる。

七　列島の風景の広がり——古典文学の輝き

摂関政治の新段階

日本列島の大変動を経て人々は改めて身近な周辺に目をこらすようになったが、政治の世界では「天暦の治」という安定期を担ってきた村上天皇が康保四年（九六七）に亡くなると、しばらく天皇の親政が途絶える。

その年に冷泉《れいぜい》天皇が即位し、関白になったのは太政官筆頭の藤原忠平の子実頼《さねより》であったが、冷泉の母を娘に持つ藤原忠平の次男師輔《もろすけ》の弟や子たちが、次の関白職を狙って争うようになり、その際の標的になったのが、醍醐天皇の皇子で源氏に降下し、師輔の娘を妻として政界に大きな影響力を有していた西宮《にしのみや》左大臣　源　高明《みなもとのたかあきら》であり、彼らはこれを警戒してその追い落としにかかった。

安和《あんな》二年（九六九）三月、左馬助の源満仲《みつなか》と前武蔵介藤原善時《よしとき》が、源連《つらね》と橘繁延《しげのぶ》に謀叛の疑いがあると訴えると、宮中では「ほとんど天慶の大乱の如し」という衝撃が走り、やがて高明に娘婿の為平《ためひら》親王を皇位につけようとしたという嫌疑がかけられ、高明は失脚して大宰権帥《だざいのごんのそち》に左遷されてしまう（安和の変）。

師輔の弟師尹《もろただ》や子伊尹《これただ》・兼家らが高明の失脚をはかった事件であり、これを契機に政治の実権は藤原氏が他氏を排除し完全に握るようになり、その下で政治が進められていった。また密告した源満仲もこれを契機に摂関に仕え、その警固などにあたるなか、子を諸国の受領となし、朝廷に仕える武士として清和源氏《せいわげんじ》発展の基礎を築くところとなる。

この時期になると、諸国の受領は争乱が少なくなったこともあって任国に下って大きな富を蓄えるようになっていた。歌人の平兼盛《かねもり》は天元二年（九七九）に駿河国の受領になることを望み、「一国を拝する者その楽あまりあり。金帛《きんぱく》蔵に満ち、酒肉案に堆《うず》む。況《いわん》や数国に転任するに於《お》いておや」と記しており、文人や歌人も受領になり富裕となるのを望んだ。

受領は大名田堵の力を利用して公領の支配を行い、国内には郡・郷・保・名《みょう》という徴税の単位を設け、郡司・郷司《ごうし》・保司《ほし》・名主がその地の経営を請け負う体制が生まれ、これを梃子に寄進がなされて荘園も生まれた。受領は任初には荘園を整理し徴税を強化しても、任終には権力者におもねて逆に荘園を認可した。『蜻蛉日記《かげろうにっき》』は、受領たちがその得た富を人事権に関わる摂関などに提供する様子について、「あけくれひざまづきありくもの」と記しており、『御堂関《みどうかん》白記《ぱくき》』には武蔵守藤原寧親《やすちか》が馬を藤原道長に献じた記事が多く載る。

『新猿楽記』の四郎は、受領の郎党となって国の物産を運んだが、その交易した「贄菓子《にえくだもの》」

のうち東国分のみを挙げると、衣料では美濃八丈・常陸綾・甲斐斑布、金属製品では上総鞦《しりかき》（馬具）・武蔵鐙《あぶみ》・能登釜、食料では信濃梨・越後鮭などであった。

女房の文学と教養文化

文人や歌人はあげて受領になることを望み、その得た富によって娘を宮中の女房となし、また女房を妻に迎えたので、女姓の教養が高まり仮名による文学世界が開かれていった。『蜻蛉日記』の作者も受領の娘であり、摂関家の藤原兼家と結婚したため宮中には入らなかったが、その兼家や子の道綱への愛情をめぐる記録を綴って新しい文学世界を開いた。

宮中の世界に入ってその文化を体感したところを『枕草子』に著した清少納言も、父は清原元輔《もとすけ》という周防《すおう》・肥後の受領を歴任した歌人であって、それもあって受領に任じられる日の出来事が『枕草子』にはいきいきと記されている。

その女性たちの文学が開花してゆく上で必要な教養文化も広がっていた。源為憲《ためのり》は諸般の知識を分類し節を付けて暗誦しやすく『口遊《くちずさみ》』にまとめ、『三宝絵詞《さんぼうえことば》』に仏教説話や行事を記して絵巻にした。源順《したごう》は百科辞書『和名類聚抄』を著し、漢詩文制作の手引き書『作文大体《さくもんだいたい》』を著したともいわれており、ともに後世に大きな影響をあたえた。

こうした文人の文章を集めてなったのが『本朝文粋《ほんちょうもんずい》』で、弘仁年間から本書が成立する一一世紀初頭までの詩文を収録していて、その収録された公文書類や秀句は後世において文章を作成する上での規範とされていった。編者の藤原明衡《あきひら》は『新猿楽記』を著し、往復書簡集『雲州消息《うんしゆうしようそく》』（『明衡往来《めいごうおうらい》』）も著し、四季おりおりの消息の書き方で社会の動きを描いて後世に大きな影響をあたえ、書の方面では小野道風、藤原佐理《すけまさ》、藤原行成《ゆきなり》という後に三蹟と称される能書が生まれ、和風の書として後世に継承されていった。

この教養文化の広がりの中で教養を深め、宮中に女房として仕える中で清少納言は『枕草子』を書いたのであって、その鋭く研ぎすまされた感性が自然や社会の風景を見事に描くことになった。

第一段の「春は曙」「夏は夜」「秋は夕暮れ」「冬はつとめて」をはじめとし、家の生活や宮中での勤めなどの体験に基づいた観察眼が発揮された。一八八段を見よう。

野分《のわき》の又の日こそ、いみじうあはれにをかしけれ。立蔀《たてじとみ》、透垣《すいがい》などの乱れたるに、前栽《せんざい》どもいと心ぐるしげなり。大きなる木どもも倒れ、枝など吹きをられたるが、萩、女郎花《おみなえし》などのうへによころばひふせる、いと思はずなり。格子のつぼなどに、木の葉を、ことさらにしたらんやうに、こまごまと吹入れたるこそ、荒かりつる風のしわざとはおぼえね。

野分（台風）の次の日の風景を描いている。立蔀や透垣などが壊れ、庭先の植え込みも気の毒で、大きな樹木が倒れ、萩や、女郎花などの上に被さっているのは思いがけず驚かされるという。こうしたさりげない自然への描写が随所に認められる。

『源氏物語』と『更科日記』

清少納言はその仕えた一条天皇中宮《ちゅうぐう》の定子《ていし》が亡くなったために宮中を去り、かわって頭角を現したのが紫式部である。父の藤原為時も文人で、越前・越後の受領を歴任したが、結婚相手の藤原宣孝《のぶたか》も諸国の受領を歴任していた。その宣孝が亡くなったので、御堂関白藤原道長とその娘の中宮彰子《しょうし》に仕えるようになり、著したのが『源氏物語』である。

主人公に摂関ならぬ源氏を選んだことにより、物語という創作の仕掛けを利用して、宮廷政治や地方の社会の動きを自由に取り入れ、時代の光と影とを描くことに成功した。作中の人物の言葉をかりて「日本紀などはただ片そばそかし、これらこそ道々しく詳しき」と物語の優位性を強調し、人生の真実を表現するのに物語に優るものはないと断言している。

当代の人々を魅了し、道長も読者であって、紫式部の局にやってきてはいつも原稿を催促していたという。『更級日記』を著した菅原孝標女《すがわらのたかすえのむすめ》も、父は上総・常陸の受領を歴任し、母の異母姉は『蜻蛉日記』の作者であるが、「その物語、かの物語、光る源氏のあるやう（『源氏物語』）」を読んで育った。

その『更級日記』は父の任国である東国の上総から「あづま路の道のはてよりも、なほ奥つ方に生《お》ひ出でたる人、いかばかりしかはあやしかりけむを」と上京への門出から筆を起こし、上総を出て下総を経て、武蔵との境に出た時を次のように記している。

そのつとめてそこをたちて、下総の国と武蔵との境にてあるふとゐ河といふがかみの瀬、まつさとのわたりの津に泊まりて、夜ひと夜、舟にてかつがつものなど渡す。

武蔵と相模との境では「在五中将」（在原業平）の物語である『伊勢物語』の描いた話を思い出し次のように記している。

野山葦荻《あしおぎ》の中を分くるよりほかのことなくて、武蔵と相模との中にゐてあすだ河といふ。在五中将のいざこと問はむとよみける渡りなり。中将の集にはすみだ河とあり。舟にて渡りぬれば相模の国になりぬ。

著者には思い違いであったようだが、各地に伝わる物語を思い起こしながら綴っており、この後の紀行文のスタイルとなった。紀貫之の『土佐日記』とは違ってその関心は広く、海の道ではなく、東海道の陸の道を歩き足柄山にさしかかる。

遊女三人、いづくよりともなくいで来たり。五十ばかりなるひとり、二十ばかりなる、十四、五なるとあり。庵の前にからかさをささせて据《す》ゑたり。

足柄山の麓の宿で出会った遊女に会うと、その歌（今様）を聞いて誉め讃えている。女性たちもこの時代には都と鄙《ひな》の地とを往来し、道中の風景を歌に詠み、散文を記していて、それが自然や人間描写を豊かにしていたのである。ではその頃の武蔵はどうだったろうか。

兵たちの風景

栄華を極めた藤原道長が亡くなったその半年後の長元元年（一〇二八）に関東で平忠常《ただつね》の乱が起きている。忠常は陸奥介忠頼《ただより》の子で、上総の国司になった後、土着して勢力を広げ下総や安房を襲って房総半島を制圧し、反乱を起こしたのである。

同族の平直方《なおかた》が追討使に任じられたが、鎮撫できなかったために更迭され、甲斐守源頼信《よりのぶ》が代わって任じられると、忠常が以前から頼信の家人《けにん》であったことから降伏し、乱が鎮まったという。頼信は源満仲の子で、『今昔物語集』によれば、「兵の道に聊《いささ》かも愚かなる事」がないことから朝廷に認められ、常陸の受領であった時に「館《たち》の者ども、国の兵ども」を率いて上総の平忠常を攻め、忠常が名簿《みょうぶ》を捧げて主従関係が成立していたという。諸国でも受領に直属する館の侍や、国の豪族こと「国の兵」が組織されていた。

乱を鎮圧したことから、これを契機に源氏の関東への勢力拡大が進み、子の頼義《よりよし》が相模守となって赴任すると、民が帰服し、逢坂以東の「弓馬の士」は大半が頼義の「門客」になったという。いっぽう平忠常の子孫は、上総氏や千葉氏など房総半島に勢力を広げ、なかでも直方の子孫は北条氏を始め伊豆や南関東に勢力を広げていった。頼義はこの直方の娘との間に三男二女を儲けたが、その嫡子の義家は直方から鎌倉の地を譲られたという。

こうして関東では広範囲で兵の間に主従関係が形成され、兵たちは「兵の威」や「兵の心」を磨き、そこからは神を恐れ、名誉を重んじる行動と心性に基づく「兵の道」が生まれ、忠常のように主人に身命を託すようなことも行われた。

そうした彼らにも仏の教えが入ってきていた。『今昔物語集』巻一九は、源満仲が年をとってから摂津国河辺郡の多田に家を造って籠居していたが、子のなかで一人だけ僧になった源賢《げんけん》から殺生の罪を歎かれ、説得されて出家を遂げたという。生涯にわたって殺生を重ねてきた頼義も、往生を願って堂に入って涙を流すなか、見事に往生を迎えたという（『古事談』）。

阿弥陀仏の本願《ほんがん》、すなわち衆生《しゆじよう》を救済するために起こした誓願を信じ、極楽浄土に往生を願う信仰は、一〇世紀に空也《くうや》が阿弥陀信仰と念仏を民間に勧めて広がり始め、源信《げんしん》が寛和《かんな》元年（九八五）に『往生要集《おうじようようしゆう》』を著して、念仏の方法や阿弥陀仏の観察、往生の作法などを説いたことから大きく広まった。源賢は源信の弟子である。

『往生要集』には「願はくは、仏、大光明を放ち、決定《けつじよう》し来迎し、極楽に往生せしめたまへ、南無阿弥陀仏」と、往生を念じるべしとあるが、この情景を絵画で描いたのが「阿弥陀聖衆《あみだしゆじよう》来迎図《らいごうず》」であり、その風景が庭園として宇治に造られた。

浄土の風景と自然観の継承

道長の子の藤原頼通《よりみち》は永承七年（一〇五二）に宇治の別荘を改めて平等院となし、翌年三月四日に池の中島に建てた阿弥陀堂に丈六の阿弥陀像を安置したが、それは「阿弥陀聖衆来迎図」に基づいて、「弥陀如来の像を造り、極楽世界の儀を移す」とあるように、救いの手を差し伸べるために阿弥陀仏が西方浄土からやってくる風景であった。

この浄土信仰は、教《きょう》・行《ぎょう》・証《しょう》が備わった正法《しょうぼう》の時代から、証（悟り）のない像法《ぞうぼう》の時代を経て、行（実践）もない仏の法が廃れる末法《まっぽう》の時代がすぐに到来するという末法思想とともに深く浸透するようになり、その末法の時代が永承七年に到来すると考えられて平等院が建立され、さらに浄土庭園も造られたのである。

池の東に小御所《こごしょ》が建てられ、池の東岸から阿弥陀仏を朝夕拝し、阿弥陀仏の彼方にある西山に日が沈む風景が人々を浄土に誘う仕掛けであった。院政期になると鳥羽離宮の庭園に継承され、奥州の藤原秀衡《ひでひら》が平泉に造営した無量光院《むりょうこういん》へとつながるが、この無量光院の現況は往時の姿をよく伝えている。

鳳凰堂に倣って御堂の前方に池が造られ、その東に設けられた小御所から西の方の御堂を仰ぐと、彼岸の時ともなれば、阿弥陀仏の背後に聳える聖なる金鶏山《きんけいざん》に太陽が沈む浄土の風景が展開するのである。鎌倉幕府はこの平泉の寺院に倣って永福寺《ようふくじ》を造営したが、これは御堂から池を眺め、さらに東の山の端から昇る日や月を見る風景となっている。

やがて新たな信仰の広がりにより浄土庭園も変化してゆくが、そこでも当初からの自然観や人間観は脈々と受け継がれた。金沢の称名寺《しょうみょうじ》の庭園は当初は極楽浄土を求める浄土庭園として始まったが、やがて律宗が入ってきて複合的な庭園の様相を示すようになったことが鎌倉末期に作成されたその境内の結界絵図から知られる。

絵図の南北のラインが律宗の考えで建物などが配置されているのに対し、東西のラインは前身の浄土庭園であって、池の西には阿弥陀仏が安置されていたと考えられる。

こうして継承された自然観は鎌倉末期に成った兼好の『徒然草』一〇段の一文からわかる。

家居《いえい》のつきづきしくあらまほしきこそ、仮の宿りとは思へど興あるものなれ。よき人の、のどやかに住みなしたる所はさし入りたる月の色もひときはしみじみと見ゆるぞかし。（中略）木立ものふりてわざとならぬ庭の草も心あるさまに簀子《すのこ》・透垣のたよりをかしく、うちある調度も昔覚えてやすらかなるこそ、心にくしと見ゆれ。

兼好は浄土を希求する遁世人であったが、仮の宿りではあっても、家の様、庭はこうあって欲しい、と語っており、その内容は『枕草子』そのままであった。実際、一九段の四季の変化の様を語る次の一文はそのことを示している。

夜寒になるほど雁鳴きてくる比、萩の下葉色づくほど早稲田刈り干すなど、取り集めたる

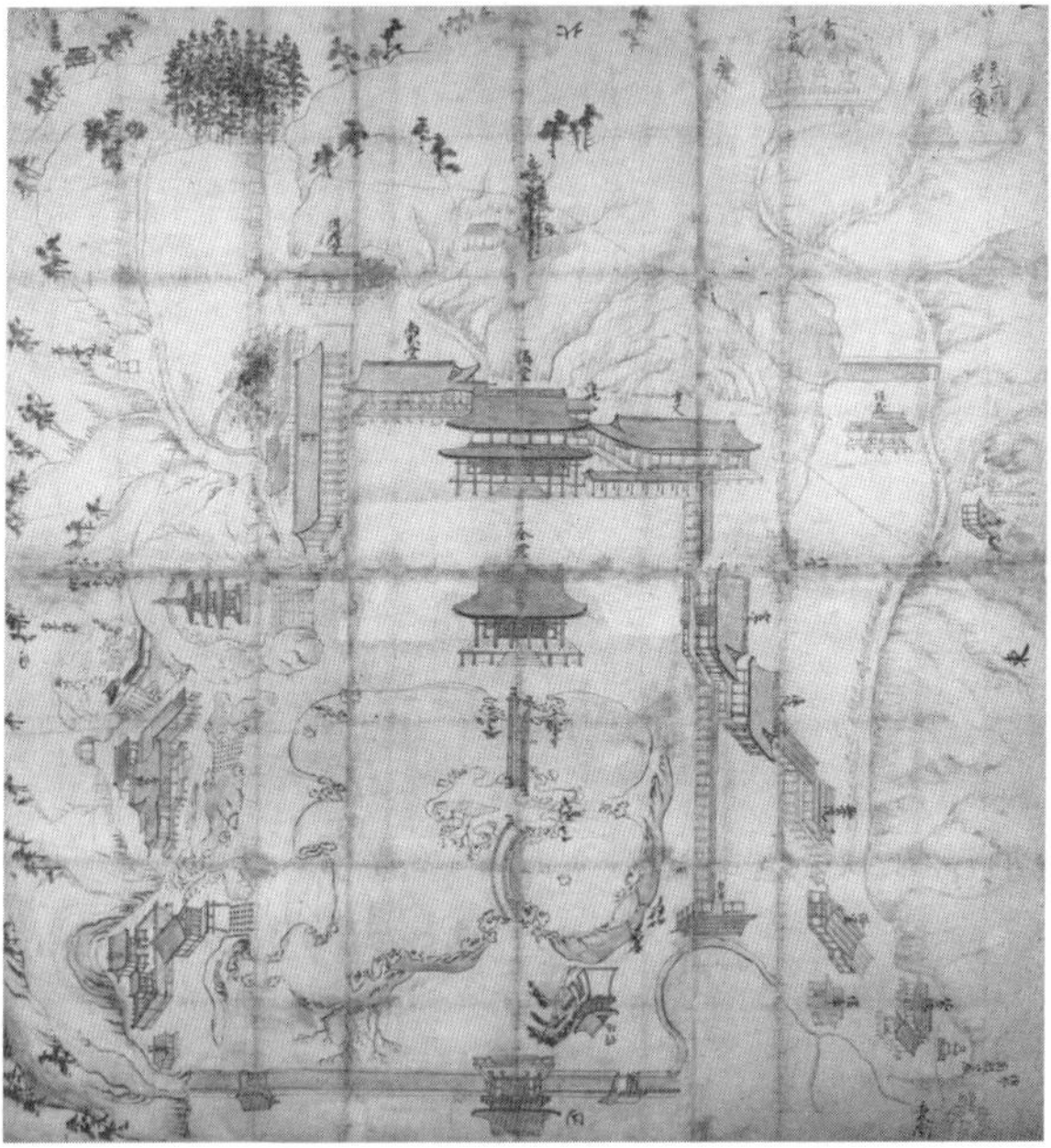

Ⅲ・2　称名寺絵図并結界図（部分）　称名寺所蔵、神奈川県立金沢文庫提供

事は秋のみぞ多かる。また野分の朝《あした》こそをかしければ、言ひつづくればみな源氏物語・枕草子などにことふりにたれど、同じ事またいまさらに言はじとにもあらず。

浄土庭園になっても、またその後の様々な庭園においても、『枕草子』や『源氏物語』に描かれた風景は人々の自然観を規定してゆくことになったのである。

八　家形成の時代――院政時代

東北動乱の余波

新たな動きは東北地方から始まった。出羽国では、北部の仙北《せんぼく》三郡の司に豪族清原氏が、陸奥では、これも北部の奥《おく》六郡の司に豪族の安倍氏が任じられ、それぞれに蝦夷地との境界領域の管轄に当たっていたが、そのうちの奥六郡の安倍氏が朝廷への貢租を怠ったということで、永承六年（一〇五一）に陸奥守藤原登任《なりとう》が数千の兵をもって安倍氏の懲罰を試み、秋田城介の平繁成《しげなり》の支援を得て戦闘を起こした。

この戦いは安倍氏の圧勝におわり、敗れた登任を更迭した朝廷は、源頼信の子頼義を陸奥守となし事態の収拾を図った。頼義は陸奥に赴任して事態を収めたが、任の終わる天喜四年（一〇五六）二月、鎮守府のある胆沢城に赴いてから国府（多賀城）に戻る途中、配下の藤原光貞・元定が夜討ちにあい人馬に損害が出たという報告が入った。これが安倍頼時《よりとき》の子貞任《さだとう》の仕業であると告げられて怒った頼義は、貞任を懲罰しようとしたことから合戦が始まった。

頼義は安倍氏から受けた接待を快く思っておらず、この挙に出たのだが、苦戦を強いられ相模の住人の佐伯経範《つねのり》や修理少進藤原景通《かげみち》の子景季《かげすえ》、散位和気致輔《わけのむねすけ》、紀為清《きのためきよ》らが奮戦したものの、黄海《きのみ》の戦いで敗れた時には頼義は嫡子義家など六騎で逃れたという（『陸奥話記』）。

敗れた頼義は任が終わって都に帰ったが、再び任じられた時には、出羽の仙北三郡の清原光頼に来援を要請すると、これに応じて弟清原武則《たけのり》が来援したことから、大軍に膨れ上がって勝利したのである（奥州前九年の合戦）。追討軍は七陣に編成されたが、その五陣は頼義の軍士の「板東の精兵」であった。

永保三年（一〇八三）には安部氏に代わって奥州で勢力を得た豪族清原真衡《さねひら》一族の内紛が起き、頼義の子陸奥守義家がこれに介入して真衡の義弟の清衡《きよひら》を支援して家衡《いえひら》らと戦った。ここでも義家は苦戦を強いられたが、弟義光の支援や関東の武士たちを動員して、やっと勝利を勝ち取った（後三年の合戦）。

この合戦では相模の「聞こえ高き兵」鎌倉権五郎景政《かまくらごんごろうかげまさ》が、矢で右目を射られても突進して奮戦し、同じく「聞こえ高き」三浦為次《みうらのためつぐ》がその矢を抜こうと景政の顔に足をかけようとしたところ、怒った景政が下から為次を突きさそうとした。驚く為次に、景政は「弓矢に当たりて死ぬるは兵の望むところなり。いかでか生きながら足にて面《つら》を踏まることはあらむ。しかじ汝を敵《かたき》として我、ここにて死なむ」と言い放った。これに為次は舌を巻いて謝り、丁重に矢を抜いたという（『奥州後三年記』）。

《清和源氏略系図》

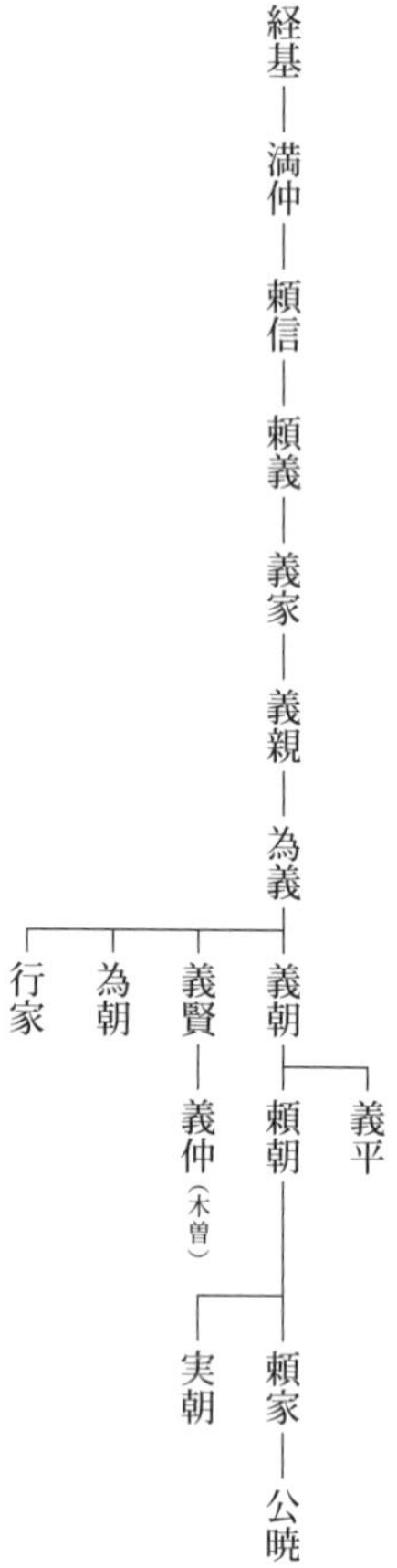

合戦後の奥州では、藤原清衡が勢力を広げて奥六郡を継承し、さらにそこから南の平泉に出て館を構え、奥羽両国に勢力を伸ばしていった。

このように東北地方に始まった地域支配の発展形が頼朝の東国支配権に他ならない。その支配の拠点となる鎌倉には、頼義が合戦に向けて八幡宮を勧請《かんじょう》し、義家は合戦に当たってその八幡宮を修理していた。朝廷はこの義家の戦いを私戦と見なし、恩賞を与えなかったことから、義家は私的に恩賞を家人らに与えたので声望が高まり「武士の長者」と称えられ、それが鎌倉幕府につながる主従関係の基点となった。

武士の家の形成へ

二つの合戦を経て東国の兵たちは自らの存在を自覚し、子孫たちは家を形成していった。後三年の合戦で奮戦した鎌倉景政は、相模の大庭《おおば》御厨《みくりや》(藤沢・茅ケ崎市)に拠点を築いて、その子孫は鎌倉党の家を形成したが、その家の一つである大庭氏の景義《かげよし》・景親《かげちか》兄弟は、義家の曾孫義朝《よしとも》に率いられて保元の合戦の場にのぞんで次のように名乗った(『保元物語』)。

昔、八幡殿の後三年の軍に、金沢の城責められしに、鳥海の舘(沼柵の誤り)落とさせ給ける時、生年十六歳にて、軍の前に立て、右の眼を射られながら答の矢を射て敵を討ち取りて、名を後代に留めたる鎌倉権五郎景政が四代の末葉、

景政を祖とする大庭や梶原など鎌倉党の武士たちは、相模の鎌倉郡や高座郡に所領をもつ家を形成したのであるが、いっぽう三浦為次の子孫は、相模の三浦半島に勢力を伸ばし、相模の国衙《こくが》に権益を築くかたわら、房総半島にまで勢力を広げ、また横浜市域の平子郷《たいらこごう》(磯子・中・南区)に進出したが、それが平子氏である。

なかでも横浜市域に大きな勢力を伸ばしたのが秩父氏であった。鎌倉・三浦氏とともに平良文の流れにあり、武蔵の秩父郡に本拠を置くなか武蔵の各地に勢力を広げていた。南北朝期に成った『源威集《げんいしゅう》』という軍記物語には、前九年の合戦に際して「秩父《ちちぶ》大夫《たいふ》別当《べつとう》武基《たけもとの》子息《しそく》」の秩父武綱が先陣をつとめていたと見え、系図には武綱の子重綱に「秩父《ちちぶ》権守《ごんのかみ》」とあるので、

《武蔵平氏略系図》

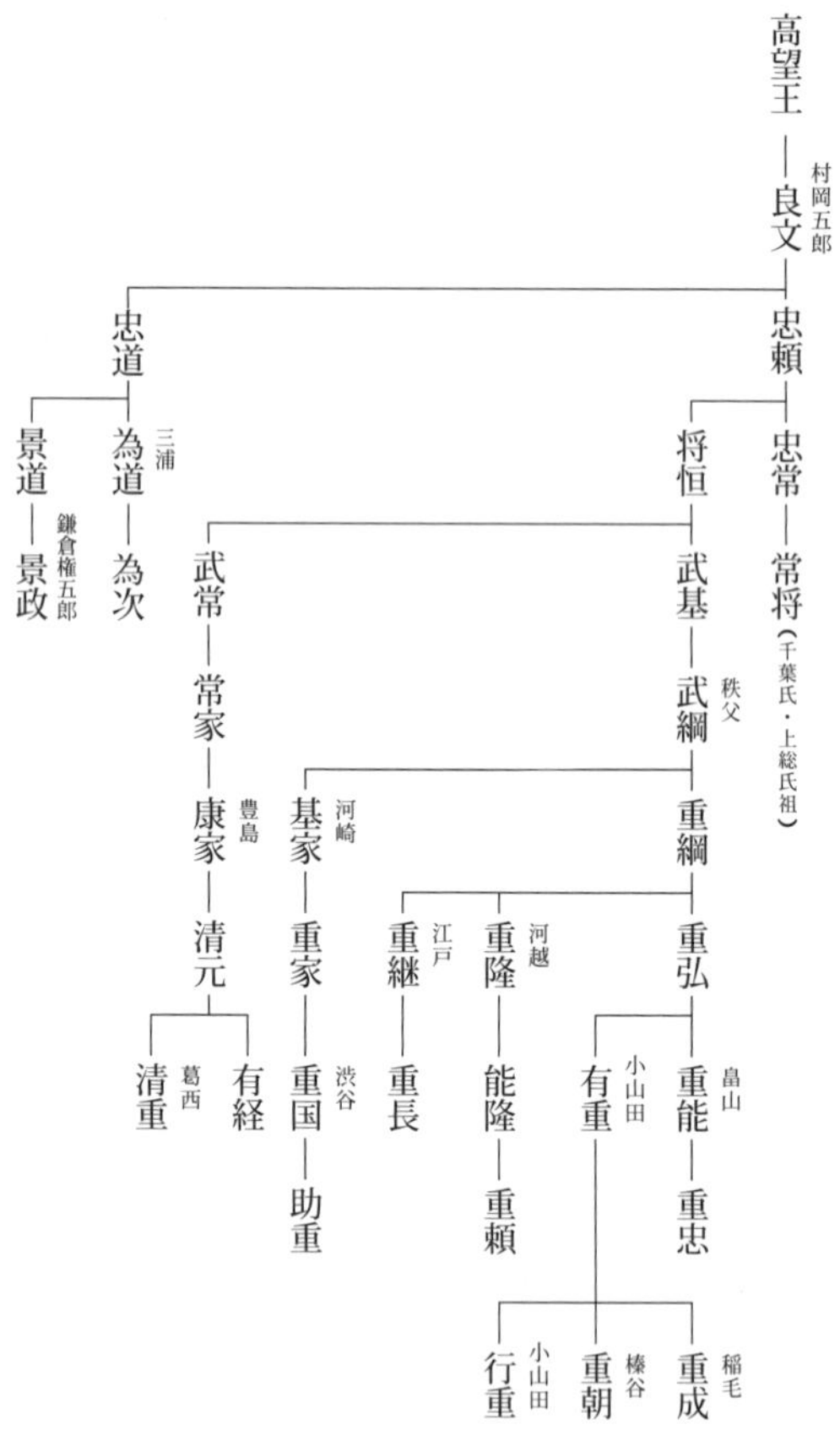
高望王
村岡五郎
良文
忠頼
忠道
忠常
将恒
三浦
為道
景道
為次
鎌倉権五郎
景政
常将
（千葉氏・上総氏祖）
武基
武常
秩父
武綱
常家
重綱
河崎
基家
豊島
康家
重弘
河越
重隆
江戸
重継
重家
清元
畠山
重能
小山田
有重
重長
能隆
渋谷
重国
有経
葛西
清重
重忠
重頼
助重
稲毛
重成
榛谷
重朝
小山田
行重

この時に武蔵国に権益を有するようになったのであろう。

重綱の子重弘が秩父を、重隆が河越《かわごえ》を、重継が江戸を名乗り、それぞれの地を基盤とした家を形成してゆくなか、さらに重弘の子重能《しげよし》は武蔵北部にあって畠山と号し、弟有重は武蔵南部に進出して小山田《おやまだ》（町田市）に家を形成、その有重の子重成が稲毛（川崎市）に、重朝が榛谷《はんがや》（保土ヶ谷・旭区）に家を形成するなど横浜市域に進出してきた。こうした家形成の動きと並行して、広く相模・武蔵の武士たちも家を形成し、その苗字の地を名乗りとしていった。

この家形成の動きをよく物語っているのが武蔵の小代《しょうだい》氏が鎌倉時代に記した小代伊重《これしげ》の置文《おきぶみ》である（『鎌倉遺文』）。小代の家の先祖は武蔵の児玉郡に本拠を置いていたと語り、「八幡太郎の義家朝臣、大将軍にて屋形に御座せしますに、児玉の有大夫弘行朝臣、副将軍にて同じ屋形に赤革の烏帽子懸して、八幡殿の御対座に書かれ給ひたる」と記し、後三年の合戦に従軍した児玉弘行が我が祖であって、その合戦を描いた『後三年合戦絵巻』には八幡殿義家の対座（向かいの座）に描かれている、と語る。この絵巻は後白河院の命によって描かれ、蓮華王院《れんげおういん》の宝蔵に納められてしばしば供覧に呈されたので、東国の武士たちも見ていたのである。

武士たちは開発の拠点となる宅を中心にして、「門田《かどた》」と称された直営田や、その周囲に新田を開き、さらにその周辺の公田をも支配する同心円的支配を展開するとともに、寄進など多様な手段を通じて荘園形成に関わっていった。横浜市域では榛谷重朝が伊勢神宮領の榛谷御《はんがやみ》厨《くりや》の領主となり、その父有重は小山田庄の、兄の稲毛重成は稲毛庄の、さらに師岡氏は師岡保《もろおかほ》（鶴見・港北区）の、山内首藤経俊《やまのうちすどうつねとし》は山内庄（鎌倉市・戸塚区）の領主となった。

こうして兵から武士へ、氏から家への形成が進んだが、これは中央の院政の展開と深く関わっていた。

院政と国王の家

一一世紀の後半に後三条天皇が即位すると、これを契機に政治は院政という新たな段階に入り、経済も荘園公領制という新段階を迎えた。

道長・頼通による長期にわたる摂関政治の中で育った後朱雀天皇の第二皇子尊仁《たかひと》親王は、兄親仁《ちかひと》親王（後冷泉天皇）とは違って、生母が藤原氏出身ではない陽明門院（道長の外孫）であることから頼通に抑えられていたが、父の遺詔によって皇太弟となった（『今鏡』）。

後冷泉天皇に皇子が生まれなかったので即位すると（後三条天皇）、親政を展開し、延久元年（一〇六九）二月に延久の荘園整理令を発布、延久四年（一〇七二）に公定の枡を制定するなど新政策を進めた。荘園整理令はこれまでは荘園を諸国が審査を行っていたのを改め、内裏の朝所《あいたんどころ》に記録荘園券契所（記録所）を置き、国司と荘園領主双方から書類を提出させて審査し、その結果を国と荘園領主に伝えた。

厳密にして公正な審査によって多くの荘園が停廃されることになったが、そのいっぽう太政官符で認められた荘園は安定をみるようになり、受領も荘園以外の地を公領としてしっかり把握していった。こうしたシステムを荘園公領制と呼ぶ。

『愚管抄《ぐかんしょう》』は、後三条天皇が位を去った後に太上天皇として院政を行うことを考えるようになったとして、「後三条院世ノスヱニ、ヒトヱニ、臣下ノママニテ、摂録臣世ヲトリテ、内ハ幽玄ノサカイニテヲハシマサン事、末代ニ人ノ心ハヲダシカラズ」と、末世においては上皇となって院政を開こうとしたと記しているが、即位後四年に第一皇子貞仁《さだひと》親王（白河院）に譲位すると、その翌年には病に倒れて亡くなってしまう。だが天皇は位を譲ってもその次の皇位には最愛の后との間に生まれた皇子実仁《さねひと》を考え皇大弟としていた。

後三条の跡を継いだ白河天皇は父のこの強い思いと戦うことになった。最愛の賢子《けんし》との間に皇子誕生を求めて、生まれた皇子に位を譲ることを考え、実仁が亡くなるとすぐ応徳三年（一〇八六）には我が皇子を東宮になし、譲位して堀河天皇を立てた。これが院政の起点となったのである。院政は天皇が退位して家長権を掌握してゆくなかで成立し、その家の財産として荘園や公領が集積され継承されていった。

我が子孫のライバルとなる異母弟の三宮輔仁《すけひと》親王を警戒し、石清水八幡宮への行幸では清和源氏の源義家や義綱に警護させたという。義家の奥州の戦いについては私戦と見なし恩賞を認めなかったのだが、その武力の意義を理解して院の殿上人に待遇し院の武力となしている。地方で活躍する武士たちが一一世紀半ばから活発化しているのを巧みに組織していったのである。武士を院北面に伺候させ、検非違使や受領に任じて身辺を固め、伊賀・伊勢に勢力を広げていた伊勢平氏の平正盛《まさもり》も登用した。

院政と家の展開

堀河天皇が嘉承《かしょう》二年（一一〇七）に若くして亡くなったため、白河上皇はすでに出家して法皇になっていたにもかかわらず、孫にあたる幼い皇子を位につかせて（鳥羽天皇）、政治の実権を握った。『愚管抄』は「鳥羽院ヲツケマイラセテ、陣ノ内ニ仙洞ヲシメテ世ヲバヲコナハセ給ニケリ」と記し、孫の皇子を天皇にたてて源光信や為義、藤原保清らの武士に内裏の宿直を勤めさせて警護にあたらせたという。

ここに院政は本格化するが、それは上皇が天皇家の家長として天皇を守って政治を執り行う体制である。白河院に始まる院政は、家の形成にともなって子孫にその地位の継承をはかることから始まったわけで、これに応じて藤原道長の流れを引く御堂流《みどうりゅう》の藤原氏も家の形成へと動いた。摂関家である。

鳥羽天皇の践祚《せんそ》に際し、御堂流の藤原忠実《ただざね》は天皇の外戚が他にいたため摂政になれないことを恐れていたところ、白河院の指名があって摂政となった。ここに娘を天皇の后に据えることなく摂関となる摂関家の形成の道が開かれたことから、忠実は分散していた荘園を集めて子孫に伝えることをはかり、家政機構として摂関家政所《まんどころ》を整備した。

天皇家・摂関家に続いて、上流貴族の間にも家形成の道が広がった。村上天皇の孫で、具平《ともひら》親王の子源師房《もろふさ》の流れは、村上源氏として白河院を支えて家を形成し、高い家格を誇るようになった。院の政治を実務の面で支えた院近臣《いんのきんしん》の藤原為房の流れは勧修寺《かじゅうじ》の家を形成した。実務の家ではその実務や公事《くじ》の記録を日記に書いて先例や故実に備えたので「日記の家」と称された、諸道においても家が形成されて、事務官の外記《げき》では中原・清原氏の流れ、算道では三善氏の流れ、陰陽道では安倍氏の流れがそれである。

この家の形成に沿って家格の秩序が生まれるようになり、大臣や大納言となる上流貴族や三《さん》位《み》以上の公卿《くぎょう》クラス、四位・五位の官人クラスの諸大夫《たいふ》層、六位クラスの侍《さむらい》層、それ以下の凡下《ぼんげ》といった別が生まれてゆく。家の財産として家産の形成がはかられたことから、荘園も各地に立てられてゆき、公領も知行の対象となっていった。

そうしたことから子弟や家司《けいし》を国守に任じ、国の実権を握る知行国制も展開した。武蔵の受領・知行国の状況を見てゆくと、白河院政期の後半から高階経敏《たかしなのつねとし》や藤原季行《すえゆき》のような院近臣が受領になっており、やがて藤原信頼《のぶより》や藤原惟方《これかた》のように子弟をいくつもの国の国守になして諸国を知行し院に経済的奉仕をする院近臣が知行するようになった。

摂関も家司を国守となして知行国をもち、院自身も院司や近臣を国守となして知行国を院分国としてもつようになった。知行する国々を互に交換しあって、それを家産に組み込んでゆくことも行われ、寺院や神社では寺家や社家の形成へと向かった。延暦寺や仁和寺・醍醐寺などでは院の子弟が長官に、興福寺では摂関家の子弟が長官になって家を整え荘園を基盤とするいっぽうで、延暦寺や興福寺は地方の寺院・神社を末寺・末社に組み込んで系列化を図り勢力を伸ばした。

家をめぐる争い

白河院の跡を継承した孫の鳥羽上皇が院政を大治《だいじ》四年(一一二九)に始めると、諸国の荘園が院の周辺に集中するようになった。白河院とは違い、鳥羽院は一度も整理令を発したことがなく、諸国からの荘園の寄進を認め、自らも寄進を受け入れて、その荘園への課役免除などの特権を与え、それらの荘園を后の待賢門院《たいけんもんいん》や美福門院《びふくもんいん》、皇女の八条院、さらには御願寺《ごがんじ》である安楽寿院や宝荘厳院《ほうしょうごんいん》、勝光明院などの所領とした。

鳥羽院の周辺にはこの荘園とともに武士も集った。源氏・平氏の武士を受領や検非違使に任じ、院の北面に伺候させ、御所や京都を守護させた。なかでも伊勢平氏の平正盛の子忠盛《ただもり》が出世を遂げ、院の近臣として活動するようになり、諸国の受領を歴任した後、長承元年（一一三二）には但馬の受領として得長寿院を造った功により内裏への昇殿が認められ殿上人《てんじょうびと》になった。

この忠盛の昇殿を描いて始まるのが「平家」という家の物語を語る『平家物語』であって、その冒頭の話は昇殿の際におきた殿上の闇討ち事件を印象的に描いている。忠盛はこの時の貴族たちの反発を上手にかわし、貴族との交わりをもつようになった、というのが『平家物語』の意図したところである。事実、この昇殿は平氏の武家政権への階梯の第一歩となった。

平氏が引き立てられたのに対し、源氏は義家の子義親《よしちか》の不行跡もあって、孫為義《ためよし》が地方に活躍の場を求めていった。自身は畿内周辺で活動していたが、嫡子義朝《よしとも》は房総半島で「上総曹司《かずさのぞうし》」として成長し、三浦半島を経て三浦氏の後援で鎌倉の亀谷《かめがやつ》に「楯」を築くと、隣接する大庭御厨に三浦氏らを率い乱入し大庭氏を従えさせた。弟の義賢《よしかた》は朝廷に帯刀《たてわき》長として仕えていたが、上野の多胡郡に下り、秩父氏に迎えられて武蔵の大蔵楯《おおくらだて》に入り勢力を広げていった。

その二つの勢力が激突したのが武蔵の大蔵合戦であって、義朝の子義平が武蔵の大蔵楯を攻めたことから義賢が亡くなり、その子は逃れて木曽において成長するところとなった。これが木曾義仲である。こうした二つの勢力圏の境界に位置していたのが横浜市域であったが、これら武士たちの力が都で発揮される機会はすぐに訪れた。

鳥羽院は永治元年（一一四一）に崇徳《すとく》天皇に退位をせまり、寵愛する美福門院との間に生まれた近衛天皇を皇位につけたが、これが政治的激変の始まりとなった。近衛天皇が病弱で子が生まれないことから、崇徳上皇は子の重仁《しげひと》親王を立てることを考え、美福門院も養子としていた守仁《もりひと》を位につかせようと考えた。守仁は崇徳の弟雅仁《まさひと》親王の子である。

この二つの争いに密接に絡んできたのが摂関家の内紛である。前関白の藤原忠実は子の関白忠通《ただみち》と不仲になると、不遇な時期に手元で育て寵愛していた末子の左大臣頼長《よりなが》を後継者と考えるようになり、兄弟争いが生まれていた。成立した家の実権をめぐるこのような争いは貴族や武士の家でも起きていた。源氏では源為義と嫡子の義朝との間で、平氏では忠盛と弟の忠正との間で起きていたのである。

武者の世

久寿二年（一一五五）、近衛天皇が亡くなり、守仁への中継ぎとして父の雅仁が位についたが（後白河天皇）、その翌年（一一五六）七月二日に鳥羽法皇が亡くなったことから、この後の政治の実権掌握を求めて保元《ほうげん》の乱が勃発した。崇徳上皇が鴨川の東の白河殿に入ると、上皇・頼長が兵をあげたという報が伝わり、予め天皇側は高松殿に軍勢を集めていて、ここに都はかつてなかった戦乱の巷となった。

義朝の家人《けにん》たちは日頃は東国で私合戦のため追捕の対象となることが多かっただけに、都大路で思う存分に戦った。義朝方で戦った相模の武士には源為朝《ためとも》と戦った大庭兄弟や、山内首藤俊通父子、海老名季定《すえさだ》、波多野義通《はだのよしみち》らがおり、武蔵の武士には多くの群小武士とともに「高家《こうけ》」として河越、秩父武者、諸岡らの名が見える（『保元物語』）。諸岡氏は横浜の師岡を基盤とした武士で、秩父氏の流れにあった。

保元の乱の帰趨を決めたのは武士の実力であって、『愚管抄』はこう記している。

保元元年七月二日、鳥羽院ウセサセ給《たまい》テ後、日本国ノ乱逆ト云コトハヲコリテ後、ムサノ世ニナリニケルナリ。

日本国はこれ以後、「武者《むさ》の世」となったという認識は、貴族層の衝撃の大きさをよく物語るもので、時代は着実にその方向へと進んでいった。白河・鳥羽院政期を通じて天皇家と摂関家とが天皇を介して対立を含みつつも連携するシステムが生まれ、諸階層にも家が成立してきていたが、そうした政治や家の主導権をめぐる対立の激化を解決する手段として武力が用いられたのである。

保元の乱後には、後白河天皇を育てて皇位につけるのに力のあった藤原信西《しんぜい》が実権を握ったが、その辣腕によって抑えられていた諸勢力が乱を経て二年後ともなると頭をもたげてきた。後白河を中継ぎの天皇として認めた美福門院が、後白河の退位、守仁の即位を求め、二条天皇が即位したことから、天皇親政を求める勢力が台頭してきた。

後白河院の寵臣である藤原信頼は武蔵などを知行国としていたが、信西に勢力拡大を抑えられてきたことに反発して対立するようになり、ついに始まったのが平治の乱である。この時に信頼は源義朝の武力を頼んだ。義朝は信西からの評価が低く、平氏一門が朝廷に進出するなかで取り残されていた。

平治元年（一一五九）一二月九日、清盛が熊野詣に赴いたその隙をつき、信頼・義朝が兵を挙げ、三条烏丸の院御所を襲って火を放ち、上皇を大内の一本御書所《いっぽんごしょどころ》に移した。信西は宇治の田原に逃れたものの自害を遂げ、信頼が政治の実権を握った。

しかし成り上がり者であるとして、信頼に不信感を抱く貴族たちは上皇の政治にも危機感を持っており、内大臣の三条公教《きみのり》を中心に打開策を練って二条天皇の側近を取り込んで、熊野詣の最中にあった平清盛の六波羅帰還を待ち、天皇を迎え入れて源氏軍との戦いとなった。

義朝の長子義平の奮戦も空しく源氏は破れ、義朝は東国に逃れる途中で殺害され、頼朝は捕らえられて伊豆に配流された。平氏は合戦の恩賞で平頼盛が尾張守、平重盛が伊予守に任じられたほか、遠江守には平宗盛《むねもり》、越中守には平教盛《のりもり》、伊賀守には平経盛《つねもり》など一門が多く受領に任じられ、これによって平氏の知行国は七か国に増え経済的にも他を抜きん出たものとなり、政治的地位は不動なものとなった。武蔵は二条天皇の側近である藤原惟方《これかた》が信頼に代わって知行国主となった。

家の形成に向けて

平治の乱後、後白河上皇は院政の復活を試み、また二条天皇も親政も望んだために、両勢力が争うなか、天皇側近の藤原経宗《つねむね》・惟方が院に国政を沙汰させず、親政を画策したという噂が上皇に伝わり、怒った上皇は清盛を召して二人を捕縛するように命じた。永暦元年（一一六〇）二月、清盛が二人を搦め取って内裏に御幸した上皇の前に引き据え責めたてて、二人は流罪に処され、惟方の武蔵の知行は没収され、平知盛《とももり》が武蔵守になった。

清盛は六月二〇日に三位になり念願の公卿に昇進すると、八月五日に安芸の厳島社に「年来の宿願」と称して赴き公卿になった喜びを報告している。その六日後には政治に参画する参議に任じられ、ここに武家が朝廷を守護する権門《けんもん》として定着することになった。

後三条院に始まる朝廷での家形成の動きは鳥羽院の時代に大きく広がり、それまでの氏中心の社会から家が生まれ、家が社会の単位となってきたのであり、東国の武士たちのなかにも家を形成する動きが始まって、そうしたなかで起きたのが保元・平治の乱であった。

その後の後白河・二条の両主の対立のなかで、文化の領域においても家形成の動きが広がっていった。和歌の家を考えると、藤原顕輔《あきすけ》は院近臣の藤原顕季《あきすえ》の子で、崇徳院の命になる勅撰和歌集『詞花和歌集』を撰進したことから、その子の清輔が父の跡を継いで六条家という和歌の家を興し、歌学書の『袋草紙』を著して歌学を大成させ、二条天皇に仕え、九条兼実《くじょうかねざね》の歌の師範となった。これに対して藤原俊忠の子の俊成は、崇徳院に仕えて『久安百首《くあんひやくしゅ》』の編纂を手伝い、平治の乱後に歌の家を興し、子の定家が成長するとこれを支援し、清輔の死後には九条兼実の和歌の師範となり、御子左家《みこひだりけ》の歌の家の隆盛の基礎を築いた。

また後白河院が今様《いまよう》を始めとする芸能に関心が深かったことから、芸能の家も成立している。琵琶や今様などの音楽の家、読経や説経の家など僧に担われた家も興された。こうした家形成にともなって、武家という家が生まれるようになり、それが鎌倉幕府として発展してゆくなか、広く武士たちの家の形成が活発化していった。

さらに鎌倉後期からは、家の形成が畿内を中心に村々の百姓の世界にまで及んでゆき、家の観念は社会に定着し、今日に及んできている。もちろん時代の変化とともに家のありかたに大きな変化があったが、ここで成立した家を基本として変わってきたのである。

Ⅳ 武家政権と横浜市域

大威徳明王像　運慶作　光明院所蔵
神奈川県立金沢文庫管理・提供

九　武家政権と新仏教——身体の時代

1　武家政権と武士の身体

武家政権の成立

永暦元年（一一六〇）に伊豆に流された源頼朝は、伊豆の在庁官人（国の役人）である伊東・北条・狩野《かのう》などの武士の監視下で過ごしていたが、そのうちの「伊豆の豪傑」北条時政の館は伊豆国中央を流れる狩野川《かのがわ》に沿う守山の麓にあり、この時期から賑わっていたことが発掘調査によって知られている。そこに流人の源頼朝が身を寄せたことから時代は大きく動いてゆく。

この時期の東国の武士の動きや姿を活写したのが『真名本曾我物語《まなほんそがものがたり》』であり、武蔵・相模・伊豆・駿河の東海道四カ国の武士たちは日頃から狩や武芸の交流を重ねていたが、その場には彼らが仕えたことのある義朝の子頼朝の姿があったと記している。

保元・平治の乱は武士たちに大きな自信を抱かせた。都に出て己が家の名乗りを高らかに叫んで存在感を示し、武芸の腕を振るったことから、帰郷すると所領の中核となる宅を館《たち》となし、館を中心とした独自な世界を築いていた。館とは、同じ意味の舘という字が官＋舎からなるように、本来は国司の官舎を意味しており、武士の館も荘園公領にあってそうした公的な存在となっていた。

相模では三浦氏や鎌倉党が勢力を広げており、保元の乱で源為朝と戦った大庭景義・景親兄弟は大庭御厨に館を構え、その北に接する渋谷荘《しぶやのしょう》（藤沢・大和・綾瀬市）には武蔵の秩父氏の流れを引く渋谷氏が館を構えていた。武蔵では、秩父氏の子孫が河越・畠山・渋谷・豊島・葛西《かさい》・小山田・稲毛・榛谷などの家を形成したが、このうち稲毛氏が拠る九条家領の稲毛荘には、承安元年（一一七一）の田数の目録が残っており、それによれば二六〇町の田のうち新田が五五町もあり、この新田が稲毛氏の直営田に次ぐ重要な収入源であった。荘域は川崎市中原区宮内の稲毛郷を中心として横浜市域にまで及んでいたであろう。

各地の武士たちが基盤を置いていた荘園や公領であるが、鳥羽院政期に増加し始めた荘園はピークを迎えていた。鳥羽院領の多くを継承した八条院に対し、後白河院には譲られた所領が少なかったので、院が積極的に荘園形成に努めた結果、蓮華王院《れんげおういん》領、長講堂《ちょうこうどう》領などの荘園群が形成され、これに平氏も大きな役割を果たし自らの所領も拡大させていったので、この荘園と知行国とが平氏の経済的基盤となっていた。

永万元年（一一六五）六月に二条天皇が亡くなり、天皇を支えていた摂政藤原基実《もとざね》も翌二年七月に亡くなったため、「世ノ政ハミナ院ノ御サタ」と後白河院が本格的に院政を開始した。仁安《にんあん》元年（一一六六）に清盛を内大臣、翌年二月に太政大臣となし、その家督である重盛を大納言に任じると、五月一〇日に海賊追討の宣旨《せんじ》を重盛に下して朝家《ちょうか》を守る武家の存在を国制上に位置づけた。これまで追捕の宣旨を高い地位の大納言に出すことはなかったので、これは現実の海賊に対処するというより、武家の存在を国制として位置づけ、あわせて重盛の武門の長の立場の継承を認めたものである。

その七日後に清盛は太政大臣を辞し、政界からの形式的引退とともに重盛に自己の地位を譲り、ここに軍制的、官位的に武家権門としての平氏政権が誕生した。国政については、政治の大事は公卿の意向を聞いて上皇が裁断する院政で運営されており、院政下の武家政権の誕生であり、関東の武士も京都の皇居大番役などを通じて組織されていった。

武家と院政

平氏と法皇との提携による政治は長く続かなかった。安元二年（一一七六）七月八日に平家と法皇を結んでいた法皇の后建春門院《けんしゅんもんいん》が亡くなって流れが変わった。治承《じしょう》元年（一一七七）に比叡山延暦寺（山門）の大衆《だいしゅ》（衆徒）が比叡山から下り、加賀の白山の僧と争いをおこしていた加賀守藤原師高《もろたか》の配流を要求してきたが、その最中に「太郎焼亡《たろうしようぼう》」と称される大火が京中をなめつくしたことから、これを目の当たりにした法皇は山門のトップである天台座主の明雲《みょううん》の座主職を解き、その所領を没収した。

平氏は京の東の六波羅《ろくはら》と西の西八条に邸宅を構えていて、摂津の福原に別荘を設けて引退した清盛はここにいつもはいたが、大衆の蜂起により法皇に呼ばれて西八条邸にいたところ、その清盛の元に多田源氏の源行綱が訪れ、院近臣の藤原成親《なりちか》らの謀議を密告してきた。

京の東山鹿《しし》ヶ谷《たに》にある静賢法印《じようけんほういん》の山荘に法皇が御幸した際、藤原成親、西光・俊寛らが集まって平氏打倒を協議し、そこに行綱が召され、旗揚げの白旗を用意するよう命じられたという。これを聞くや清盛は法皇の近習《きんじゆう》を搦め取り流罪に処した（鹿ヶ谷事件）。

反平氏の動きがはっきりしてきたことから、清盛は高倉天皇の后となっている娘徳子《とくし》の皇子誕生を望んでそれがかなえられると、大いに喜び、皇子の身体を守ることに精力を注ぐようになった。しかし治承三年（一一七九）七月に重盛が亡くなった際に、法皇が重盛の知行国の越前を没収したばかりか、摂関家の藤原基実の子で清盛の娘婿にあたる基通《もとみち》の官職を超えて、関白基房の子師家《もろいえ》を中納言に任じた。

清盛の面目は丸潰れとなり、法皇に裏切られたという思いが湧いたことから強硬な態度にでた。一一月一四日に大軍を擁して福原から上洛した清盛は、「武者ダチニテ俄カニ上リ、我ガ身モ腹巻ハヅサズ」という戦さ姿であったと伝える（『愚管抄』）。「『公家」を恨み、一族を引き連れ鎮西に下る」と、都を守らないで鎮西（九州）に下るという圧力をかけ、院政を停止したばかりか、基房の関白も停止して基通を関白・内大臣となし、院近臣を搦め取って解官《げかん》し、一九日には法皇の身体を鳥羽殿に移し幽閉した（『百練抄』・『平家物語』など）。

この清盛のクーデターの意義は大きかった。これまでの武家は法皇の命令に基づいて動いてきており、実力で「治天の君」（国王）を変える動きに出ることはなかっただけに、このことを契機に武士が積極的に政治に介入する道が開かれ、武力を行使して反乱を起こすことも可能になった。

その翌年二月二一日に安徳天皇が皇位についた頃、法皇の皇子である以仁王《もちひとおう》の三条高倉御所を源頼政が訪れ、平氏一族を討って天下を執るように勧め、東国の源氏など武士たちに挙兵をよびかける令旨《りょうじ》を出すよう進言した。その令旨(最勝王宣旨《さいしょうおうせんじ》)は清盛の「悪行」をかぞえあげて、平氏追討を源氏に促したものであって、熊野にいる源為義の子行家《ゆきいえ》がそれを東国の各地の源氏や武士に伝え歩いた。

治承・寿永の乱と頼朝の挙兵

以仁王の乱はすぐに平家の知るところとなって、以仁王と頼政は三井寺の大衆を頼って逃れ、さらに南都に赴く途中の宇治で官軍に追いつかれ、合戦して敗れてしまったが、これが列島全体にわたる内乱の始まりとなった。地方で自力を蓄えていた武士たちが一斉に動き始めた。

鎌倉幕府の歴史書『吾妻鏡《あずまかがみ》』は、頼朝のいる伊豆の北条館に令旨を帯びて源行家がやってきた日を治承四年四月二七日と記し、令旨が到来すると、これを頼朝と時政とが開いて見たところが、六月に以仁王の乱の情報が頼朝の耳に入って挙兵に及んだと語る。

頼朝は挙兵して伊豆国目代《もくだい》の山木兼隆を滅ぼすと、すぐに「関東の事、施行《しぎょう》の始め」として、治承四年（一一八〇）八月一九日に次の下文《くだしぶみ》を出している。

（花押）
下す　蒲屋《かばやの》御《み》厨《くりや》住民等の所
早く史大夫知親《したいふともちか》の奉行を停止《ちょうじ》すべき事
右、東国に至りては、諸国一同庄公は皆御沙汰たるべきの旨、親王宣旨の状、明鏡也てへり。住民らその旨を存じ安堵《あんど》すべき者也。仍仰《よつておお》する所、件《くだん》の如《ごと》し。故《ことさら》に以て下す。
治承四年八月十九日

山木兼隆の親戚である史大夫の中原知親が、伊豆の蒲屋御厨で「土民を」を悩ます非法を働いていることから、その奉行を最勝王宣旨（令旨）に基づいて停止し、住民を安堵することを謳っている。下文という簡略な形式の文書を使用し、政治の方針を伝えているが、以後、この「下す」と始まる下文は、幕府の文書の中核に据えられ、武士たちは「自由の下文」により荘園公領に進出していった。

頼朝の政策は、東国の武士や住民と接するなかで見聞してきたところに基づいて打ち出されており、安心して土地に生活するという「安堵」の政策であり、これが幕府の基本政策となってゆく。山木兼隆が武勇の目代であるのに対し、史大夫の中原知親は文筆の目代であり、頼朝は都から派遣されたこの国司の代官の動きを否定した。朝廷や平氏が特別な政策を出さないなかにあって、頼朝は徳政として安堵の政策を掲げ、諸勢力を糾合していったのである。

挙兵した頼朝は狭い伊豆を逃れ、相模の三浦氏との合流を目指したところ、平氏方についていた大庭景親らに石橋山の合戦で破れてしまい、合流に間に合わなかった三浦氏も鎌倉の由比浜でのささいな争いから、秩父氏の河越や畠山などによって本拠の三浦半島を攻められて海上に逃れたところ、そこに海を渡って房総半島を目指していた頼朝と合流した。

ここから頼朝は再起をはかり各地の武士に参加をよびかけ、千葉氏の勧めにより東京湾岸を廻って、頼義・義家・義朝代々が根拠地としてきた「要害の地」鎌倉に向かったのだが、途中の武蔵の武士には十分に注意を払っていた。

治承四年（一一八〇）一〇月二日に大井・隅田両河を渡って武蔵国に赴いた際には、武蔵の豊島清元や葛西清重、足立遠元《とおもと》などと連絡を取り、一〇月四日に畠山重忠と長井渡で参会し、河越重頼や江戸重長が参上すると、秩父氏と仇敵の関係にあった三浦氏に憤りを止めるように伝えて同座させ、五日に江戸重長に武蔵国の諸雑事を在庁官人や諸郡司等に命じて沙汰させる処置をとり、六日に相模国に入る際の行列の先陣には畠山重忠を起用した。

武蔵、横浜市域の武士

清盛は以仁王の乱後に都を福原に遷していたが、そこに頼朝挙兵の報が届いたので、九月五日に頼朝追討の宣旨が出された。「伊豆国流人源頼朝」が凶徒を語らい、伊豆や隣国を侵略しようとしていることから、平維盛《これもり》・忠度《ただのり》・知度《とものり》らを追討使として派遣するので、東海・東山道の武士はこれに加わるようにという内容である。

こうして東下してきた官軍を迎え討つため頼朝は鎌倉を出たが、駿河の富士川の合戦では早くに到着した甲斐源氏が平氏を破ったので、頼朝はこれを機に急いで上洛を考えたところ、三浦・上総・千葉氏など有力武士の諫言《かんげん》があって諦め、鎌倉に戻る途中の相模国府において傘下の武士たちの所領を安堵した。受領や荘園領主の下で甘んじていた武士たちの所領を安堵し、新恩給与などの恩賞授与を行ったのである。

そこに名が見える武士の多くは伊豆・相模の武士たちであり、横浜市域では飯田家義のみであるが、すべてが『吾妻鏡』に記されているのではなく、翌年四月二〇日に小山田重成について「去年の東国御家人本領安堵の時、同じく御下文を賜はり訖《をはん》ぬ」とあるので、武蔵の主要な御家人もこの時に安堵されたのであろう。

頼朝は東国に踏みとどまると決心すると、背後の敵となる常陸の佐竹氏の討伐に向かって奥州に迫った後、その帰路の一一月一〇日には武蔵国丸子庄を葛西清重に与え、一四日には土肥《どい》実平《さねひら》に武蔵国内の寺社での狼藉停止を命じ、一五日に武蔵国威光寺を源家数代の御祈祷所として僧坊寺領を安堵し、一七日に鎌倉に帰っている。

由比浜にあった鶴岡若宮を北の山麓に移し、その隣の大蔵郷に造営した御所に一二月一二日に頼朝は入った。鎌倉に腰を据え「鎌倉殿《かまくらどの》」と称されるようになったが、その時に出仕した御家人は三一一人であったという。翌々日、武蔵国住人の「本知行の地主職」を安堵しているので、これにより横浜市域の武士はあらかた御家人として土地を安堵されたことであろう。

この後、文治元年（一一八五）一〇月の頼朝の南御堂《みなみのみどう》（勝長寿院《しょうちょうじゅいん》）供養の際の行列に従った武蔵の武士をあげると、畠山重忠、葛西清重、榛谷重朝、大井実春、武蔵守義信、稲毛重成、大河戸太郎、江戸七郎、豊島権守、比企藤次《ひきとうじ》、都筑平太、熊谷《くまがい》小次郎、金子十郎、春日三郎、小室太郎、河勾《かわわ》七郎、阿保《あぼ》五郎、四方田《よもた》三郎、苔田太郎、横山野三、西太郎、小河小二郎、戸崎右馬允《うまのじょう》、河原三郎、仙波《せんば》二郎、中村五郎、原二郎、猪俣平六、甘糟《あまかす》野次、勅使河原《てしかわら》三郎らがいる。

建久元年（一一九〇）一一月七日に頼朝が上洛した際の行列には、平子《たいらこ》太郎、江田小次郎、寺尾三郎太郎などの横浜市域の武士と思しき人々がおり、さらに建久六年の頼朝上洛時にも平子右馬允、鴨志田《かもしだ》十郎、都筑三郎、都筑平太など横浜市域の武士の名が見える。

こうして横浜市域や武蔵国は鎌倉の後背地として武家政権を支える役割を担うところとなったのである。治承五年（一一八一）正月に頼朝は鶴岡八幡宮に参拝すると、その後、正月二三日に武蔵の長尾寺と弘明寺を源家累代祈願所として僧長栄に沙汰するように命じ、鶴岡八幡の本格的な整備に乗り出し、七月三日に鎌倉中《かまくらちゅう》に然るべき工匠がいないので武蔵の浅草の大工を召して工事を行わせている。

源平の争乱

平氏は、東国や畿内の大衆の動きに対応するため都を福原から戻すと、治承四年（一一八〇）末に南都を攻めて焼き討ちし、高倉院の遺言と称して翌年正月に畿内一帯を軍事的に管轄する惣官《そうかん》を置き、平宗盛をその惣官に任じて東国の反乱軍に対抗する措置をとった。清盛はその直後に亡くなるが、尾張と美濃の国境の墨俣《すのまた》で頼朝の前線にあった源行家軍を破っている。

しかしそこを飢饉が襲った。四月に道路に餓死するものが満ち溢れ（『吉記《きつき》』）、七月に養和と改元したものの飢饉は深刻になった。その飢饉時、頼朝は密かに法皇に奏し、平氏・源氏が並んで法皇に仕える提案をしている。頼朝に謀反の意思は全くないと前置きし、今後は関東を頼朝の支配下に置き、西国を平氏の支配とするという内容であって、これを平氏が拒否し受け入れられなかったが、法皇は頼朝と接触をもちはじめていた。

飢饉も終息した寿永二年（一一八三）、頼朝は北関東で叔父の信太義広《しだよしひろ》や下野の足利俊綱らを攻め、さらに木曾義仲との間にも争いが起きたが、この情勢と京の米倉である北陸道が義仲の手に落ちそうな気配から、平氏は四月一七日に大軍を北陸道に派遣した。だが加賀と越中の境の倶利伽羅峠《くりからとうげ》で大敗を喫し、六月六日に帰京した官軍は出陣した時の半数になっていたという。

続いて義仲入京の情勢に、法皇は鎮西に連れ出されるのを察知して比叡山に逃れたので、平氏は都落ちせざるをえなくなった。かつて法皇は「鎮西に下る」という脅しに屈したが、今回は比叡山に逃れたことで平氏を西海に追いやったことになる。七月二八日に勢いに乗って木曾義仲・源行家が南北から入京すると、法皇は二人を蓮花王院の御所に召して平氏追討と京中の狼藉停止を命じたが、勲功については「第一が頼朝、第二が義仲、第三が行家」とした。

東国一帯を着実に支配下においていた頼朝は、この情勢を見計らって法皇と連絡を密かにとり、義仲が平家と西海で戦っている最中の一〇月、宣旨によって東国の支配権を正式に認められている（寿永二年十月宣旨）。これまで頼朝は以仁王の令旨を根拠に合戦で奪った土地を実力で支配してきていたが、この宣旨でその支配権を朝廷に認められ武家政権としての領域支配が確定し、東国は武家政権固有の支配領域となった。頼朝はその地位を東海道の惣官と称したが、これは平氏の畿内近国の惣官の例にならったものである。

これ以後、頼朝は義仲や平氏との合戦で勝利してゆく。翌年に義仲を滅ぼすと、一の谷合戦、屋島合戦で平氏に勝利し、文治元年（一一八五）には壇ノ浦合戦で平氏をついに滅ぼした。その合戦で主力をなしたのが武蔵と相模の武士たちであり、勝利の報告は頼朝が鎌倉に創建した南御堂（勝長寿院）の建築始めの日に到着している。

さらに平氏追討で活躍した源義経が法皇と結んで兵を挙げたことから、頼朝は同年一一月に法皇に迫って守護地頭設置の勅許を獲得し、諸国に守護を、荘園公領に地頭を置いて武家の政権基盤を整え、武家政権の経営を本格化させていった。

2　武士の身体と芸能

横浜市域の位置と道

横浜市域は武家政権の形成とともに歴史の表舞台に登場したのであり、鎌倉幕府の成長を支えながらその影響を色濃く受けることになった。文治元年（一一八五）四月、平氏追討に向かった東国の武士のなかに、頼朝の許可なしに朝廷から官職を与えられた者が多くいたことから、頼朝は東国に帰るなという厳しい命令を出した。その武士のうちの平子「馬允《まじゅう》有長」については名をあげるのみだが、師岡「兵衛尉《ひょうえのじょう》重経」については、本領に帰るべきところを西国に留まっている、という悪口を記している。ともに横浜市域の師岡郷、平子郷を本拠とする有力な武士であったことがわかる。

　東国の武士たちは本拠地に館を構え、鎌倉に宿館《しゅくかん》を置いて幕府に奉公することになり、本拠地と鎌倉を結ぶ鎌倉道《かまくらみち》が整備されていった。文治五年（一一八九）七月に奥州藤原氏を攻めるために幕府軍は三つに分れ、その鎌倉道を経て奥州へと向かった。東海道の大将軍は千葉常《つね》胤《たね》・八田《はった》知家《ともいえ》で、一族や常陸・下総国両国の勇士等を引率し「下道《しものみち》」を経て赴き、北陸道の大将軍は比企能員《よしかず》・宇佐美実政らで「上道《かみのみち》」を経て上野の高山、小林、大胡《おおこ》、左貫《さぬき》らの住人を引率して行ったが、大手の「中路《なかのみち》」から下った頼朝は先陣に畠山重忠を起用し、武蔵・上野両国の党には加藤景廉《かげかど》・葛西清重らに従って合戦するように命じた。

　鎌倉道は上道、中道、下道の三つの大道を中心に形成されていたことがわかるが、この時に鎌倉から進発した軍勢のなかには武蔵守義信以下、小山田重成　同重朝　藤九郎盛長　足立右馬允遠元　豊島権守清光　葛西清重　同十郎　江戸重長　同親重　同重通　同重宗　山内経俊《つねとし》

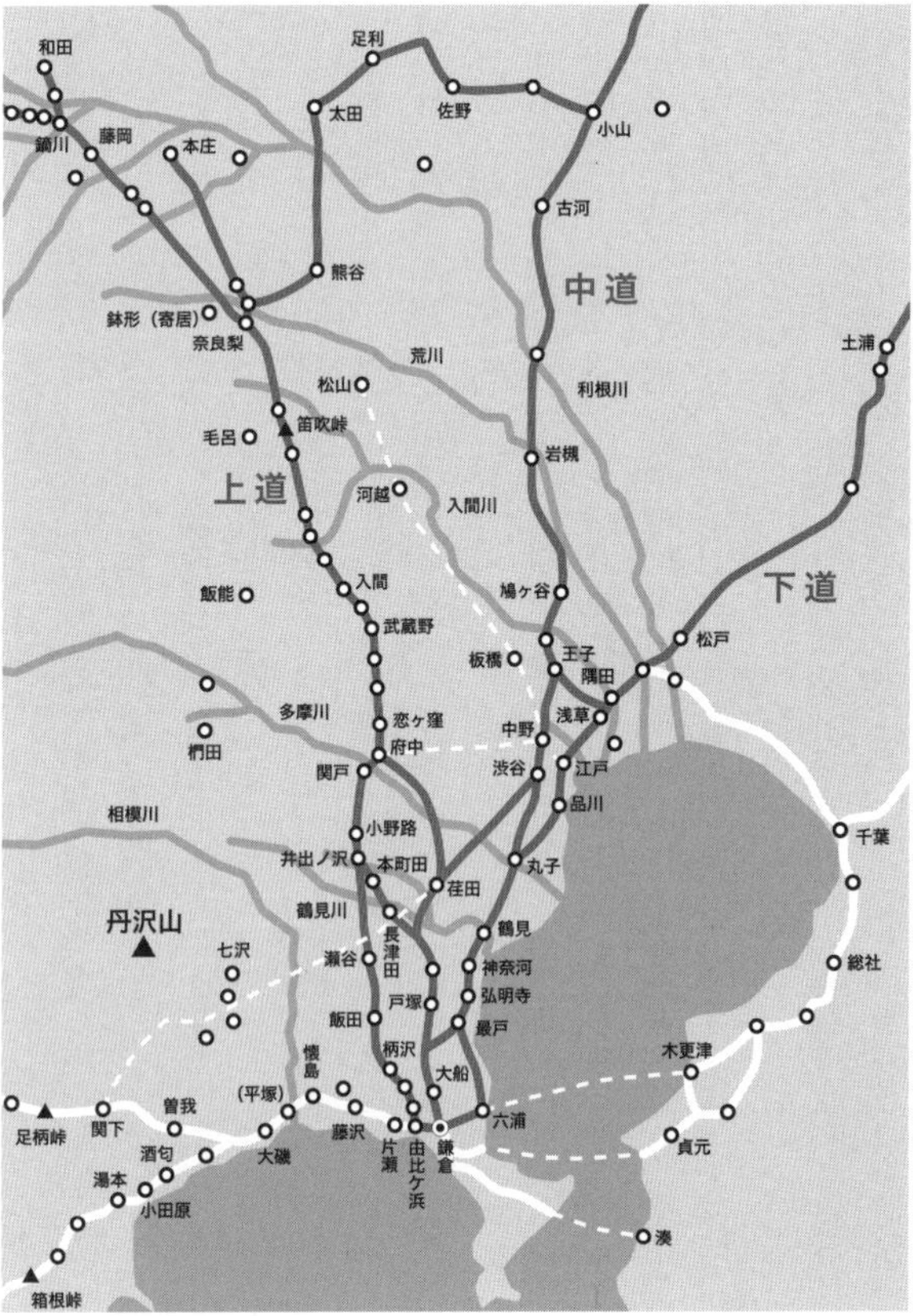

Ⅳ・1　鎌倉道の概念図　（公財）横浜市ふるさと歴史財団埋蔵文化財センター提供

大井実春　小越右馬允有弘《おこせのうまのじようありひろ》　庄忠家　四方田弘長　浅見実高　浅羽行長　小代行平《しようだいゆきひら》　勅使河原有直　成田助綱　高鼻和太郎　塩屋《えんや》家光　阿保実光　河匂政成　同政頼　中四郎是重　一品房昌寛《いつぽんぼうしようかん》　金子高範などの武蔵や横浜市域に関係する武士がいた。

頼朝は奥州に下って平泉の藤原氏を滅ぼすと、翌年に上洛し、公武関係について明確に定めて鎌倉に帰って政所などの政治機構を整え、建久三年（一一九二）に征夷大将軍に任じられている。その翌年の四月に頼朝が上野と信濃の国境の三原野《みはらの》の狩に出かけた時の道について、『真名本曾我物語』に「鎌倉中を出でさせ給ひて、化粧坂《けわいざか》を打越えつつ、柄沢《からさわ》・飯田をも過ぎ給ひければ、武蔵の関戸の宿に着かせ給ふ」と記されているので、飯田を経て関戸・武蔵国府へと向かう上道を進んだものとわかる。

横浜市域の発掘調査によって泉区の中ノ宮北遺跡、栄区の笠間中央公園遺跡などでは鎌倉道の遺構が出土している。中ノ宮北遺跡は「立つの道」と称されていた道にあり、約一四〇メートルの発掘によって道路状遺構の最大幅が一五メートルあり、西側には側溝が確認されている。道路の面は平坦にならされ、地山を畝状に掘ってその上面を関東ローム層で付き固めたために、縞状の文様が認められる。

笠間中央公園遺跡は、鎌倉道のうちの中道・下道の分岐点に近いと見られ、同じような道路状遺構が認められている。終点となる鎌倉中には武蔵大路と称される道があるので、そこと結ばれていたのであろう。武士たちは鎌倉で事があれば、「いざ鎌倉」と駆けつけた。建仁三年（一二〇三）九月一日に頼朝の跡を継いだ将軍頼家の病気が重いという噂から「国々の御家人等競ひ参る」と各地から御家人が駆けつけている。

武士の武芸

文治三年（一一八七）に頼朝は鶴岡八幡宮で放生会を開始することを関東の荘園に触れ、八月一日に鎌倉中と近海の浜や河溝に雑色《ぞうしき》を派遣し殺生禁断を命じた。その放生会には武士たちが相撲や流鏑馬《やぶさめ》の武芸を奉納したが、幕府御所や浜においても小弓、笠懸、流鏑馬、相撲などを行い、日ごろの武芸の腕前を披露するようになった。

横浜市域の武士では榛谷重朝が弓芸に優れていた。文治三年に土佐国から弓百張が到来した時には、弓場の的を勤める輩として弓を与えられ、毎年の弓始・的始や牛追物に弓芸を披露しているが、早くは治承五年（一一八一）四月七日に御家人のなかから「弓箭《きゅうせん》に達する者」で、頼朝に心底仕える武士として頼朝により寝所番に選ばれている。文治五年の奥州合戦では乗馬を洗うことを毎日怠らなかったことが珍事と噂された。

建久四年（一一九三）の富士野の巻狩を描く『真名本曾我物語』によれば、曾我兄弟は伊豆の三島社で笠懸を七番行って仇討の念願成就を祈り富士の狩場に臨んだが、その巻狩は二〇番の対抗戦で行われ、武蔵の武士は八番で稲毛三郎と江戸小太郎が、九番で河越小太郎と榛谷四郎が、十番で葛西三郎と豊島小太郎が相対した。その時の榛谷重朝の行装《いでたち》は「榛谷がその日の装束には、下には唐綾の小袖に、上には鷺《さぎ》付けたる直垂《ひたたれ》に、夏毛の行縢《むかはぎ》に、生張《きばり》にて裏打たる竹笠に、小中黒の鹿矢に」というものであったという。

なおこの巻狩では曾我祐成《すけなり》によって平子右馬丞が傷を蒙った。頼朝は巻狩で頼家を武家の家督として武士に認知させようと考えており、頼家が初めて鹿を射た時には、それを祝う矢口《やのくち》祭《まつり》を開き、喜びを鎌倉の政子に伝えている。

建久六年（一一九五）二月に頼朝は政子と頼家・大姫《おおひめ》を伴って上洛の途についたが、その主な目的は東大寺大仏殿供養に結縁するためであったが、大姫の入内《じゅだい》を模索し、頼家を武家の後継者として披露するという目的もあった。この上洛には関東の武士が多く従っていて、豪雨のなかを武士たちが黙々と東大寺の警護にあたるのを見た人々は驚嘆したという。

その翌年に関東と関係の深かった九条兼実が、関白の座を追われる建久七年の政変がおき、その二年後には頼朝の死が突然に訪れた。相模川の橋が稲毛重成によって架けられたので供養のために出席しての帰途に落馬し、程なく翌年正月に亡くなったのである。

頼朝の跡は頼家がすぐに継いだ。『吾妻鏡』は頼家が建久一〇年（一一九九）正月二〇日に左中将に任じられ、二六日に「前征夷将軍源朝臣の遺跡を続《つ》ぎ、宜しく彼の家人郎従らをして旧の如く諸国の守護を奉行せしめよ」という宣旨が出され、その宣旨が鎌倉に到着すると、治世の開始を告げる吉書始《きっしょはじめ》が行われたと記している。

武蔵国と幕府

頼家が頼朝の跡を継いでからというもの、武蔵の武士には不遇が続いた。頼家を支えた比企能員が滅ぼされたのをはじめ、将軍位を追われた頼家に代わって弟実朝《さねとも》が将軍になると、祖父の北条時政が実権を掌握して、建仁三年（一二〇三）一〇月二七日に武蔵国の諸家の武士に時政に対して二心を抱かぬように命じている。

元久二年（一二〇五）には武蔵の畠山重忠に謀叛の噂が立ったので、重忠が無実を訴えるべく鎌倉にまで向かい二俣川《ふたまたがわ》（旭区）にまで来たところを、時政派遣の幕府軍に迎撃され、重忠一族は滅ぼされてしまう事件がおき、これに続いて鎌倉の経師谷口《きょうじがやつくち》で三浦義村によって榛谷重朝父子が、大河戸三郎により稲毛入道が誅されてしまい、榛谷重朝の遺跡は幕府の女房の五条《ご》局《じょうのつぼね》に与えられた。

武蔵は大国であったことから幕府の重要な経済的基盤とされていた。元暦元年（一一八四）に頼朝の知行国となり、翌年には相模も知行国となって、武蔵守に源義信、相模守に源惟義《これよし》などの源氏一門が任じられている。文治《ぶんじ》三年（一一八七）一〇月に後白河法皇の熊野御幸のための供米千石は武蔵と上総が負担しており、幕府が閑院内裏《かんいんだいり》を修造したことから、その功で相模・武蔵両国は長らく幕府の知行国とされた。

建久三年（一一九二）四月の後白河法皇の三五日の仏事では鎌倉中と武蔵・相模・伊豆などの主要な寺社の供僧が祈祷を行うこととされ、建久五年一一月には武蔵・相模両国の年貢が幕府の政所から京都に進められている。幕府の直轄地として相模・武蔵両国は位置づけられたのである。

頼家は代始の正治元年（一一九九）四月二七日に東国の地頭に水の便がある荒野を開くように命じており、建永二年（一二〇七）正月に北条時政の子時房が武蔵守になると、三月二〇日に武蔵の荒野の開発を地頭に触れ、新田の開発が鋭意進められていった。承元四年（一二一〇）三月には武蔵国の土地台帳である大田文《おおたぶみ》が作成されている。

建暦《けんりやく》三年(一二一三)に起きた和田合戦は横浜市域の武士たちにさらに大きな影響を与えた。三月八日に鎌倉中に兵が起こるという風聞が流れ、遠近の御家人が鎌倉に群参するなか、三月二日に謀叛の張本の小泉親平《いずみのちかひら》が鎌倉の違橋《たがえばし》に隠れ住んでいるという噂があって、差し向けられた武士と合戦した後に小泉は逐電し行方知れずとなったが、小泉は泉区の和泉川流域を本拠としていたという。

和田合戦は北条氏が三浦氏一族で侍所《さむらいどころ》別当の和田義盛の追い落としを狙ったもので、あわせてその親類縁者の武蔵横山党などをも退けるべく起こされた。五月二日、三日の激戦に勝利すると、その恩賞として相模国の山内庄を北条義時が得たほか、大庭御厨の懐島《ふところじま》を山城四郎兵衛尉《ひょうえのじょう》が、岡崎（平塚・伊勢原市）を近藤左衛門尉が、渋谷庄を女房因幡局《いなばのつぼね》が、武蔵国の長井庄（熊谷市）を安達時長が、横山庄（八王子市）を中原広元が得ている。合戦で討死した武士のうちの和田方に「六浦《むつら》」と名乗る武士がいるので六浦（金沢区）も北条氏の手に入ったのであろう。

こうして横浜市域には北条氏を中心に幕府関係者の所領が増えてゆき、六浦荘も北条氏の一門の金沢氏の所領となり、さらに北条氏の勢力が急速に武蔵国に及んでいった。建暦三年九月二二日に将軍実朝は磯子区の氷取沢《ひとりざわ》の辺りを逍遥し、草花に秋の興を楽しんだが、これには北条時房《ときふさ》・泰時《やすとき》・三浦義村、結城左衛門尉、内藤右馬允らの歌道の輩が一緒していた。一〇月一八日には武蔵国の新開田畠の実検のために奉行人が派遣されている。

実朝の身体

実朝は東国の武士たちに擁され「関東の長者」として将軍になると、父頼朝に倣って徳政に心がけ、後鳥羽上皇に学んで文化教養を取り入れ和歌に力を入れた。その歌は都の歌人とは違い関東の大地に発する清新な歌が多い。次の『金槐《きんかい》和歌集』の歌は武士の日常を詠んでいる。

霰《あられ》

もののふの矢並つくろふ籠手《こて》のうへに　霰たばしる那須の篠原（六七七）

頼朝が東国の王として始めた箱根・伊豆権現を参詣する二所詣《にしょもうで》を復活させ、しばしば参拝したが、次の歌はその時に箱根から伊豆権現に向かった時のものである。

箱根の山うち出でて見れば、波のよる小島あり。供の者、此の海の名しるや、とたづねしかば、伊豆の海となむ申すと答侍しを聞きて

箱根路を我が越えくれば伊豆の海や　沖の小島に波のよる見ゆ（六三九）

鎌倉の海辺に育った実朝には海を詠んだ秀歌が多くある。

荒磯に波のよるを見てよめる

大海の磯もとどろによする波　われてくだけて裂けて散るかも（六四一）

山はさけ海はあせなむ世なりとも　君にふた心わがあらめやも（六六三）

舟

世の中はつねにもがもな渚こぐ　あまの小舟の綱手かなしも（六〇四）

「世の中は」の歌は藤原定家が編んだ『百人一首』に採られており、定家にも高い評価を得ていたことがわかる。しかしその地位は不安定であり、将軍を侍所別当として支えていた和田義盛に刃を向けられる和田合戦が起き、実朝の心は大きく傷つき仏道に心を染めるようになっ

て、上皇の恩と父頼朝の徳に因む大慈寺を建立している。

建保三年（一二一五）五月一二日には鎌倉の北の山内庄本郷（栄区）の証菩提寺《しょうぼだいじ》に赴いた。石橋山の合戦で頼朝の身代わりで亡くなった佐奈田余一義忠《さなたよいちよしただ》の菩提を弔うために頼朝が創建した寺であるが、その余一の追善を計画し、翌年八月に北条義時が実朝の命を受けて追善供養を行っている。建保四年（一二一六）正月には毎日の祈りをささげる持仏堂《じぶつどう》の本尊として釈迦如来像を運慶に造らせるなど仏教信仰を深めていった。

その六月八日、東大寺の大仏を鋳た陳和卿《ちんなけい》が、実朝が「権化《ごんげ》の再誕」であるとの噂を聞きつけ「恩顔《おんがん》」を拝するために鎌倉に来て、三回拝し頗《すこぶ》る涙を流して、「貴客は宋朝医王山《いおうざん》の長老たり」と実朝の前世が医王山の長老であると語ると、これを聞いた実朝には思い当たることがあり、信じるようになったという。

近年、金沢称名寺の光明院《こうみょういん》から発見された仏像の胎内から次のような銘文が出てきた。

建保亖年〈丙子〉十一月廿三日　源大弐
殿　大日・愛染王・大威徳王三体内
大威徳也　功匠肥中法印運慶也

運慶が建保四年一一月二三日に造った仏であり、願主は実朝を幼い時から養育してきた加賀《かが》見遠光《みとおみつ》の娘の大弐局《だいにのつぼね》で、大日如来《だいにちにょらい》・愛染明王《あいぜんみょうおう》・大威徳明王《だいいとくみょうおう》三体の内の大威徳明王像とわかった（一四五頁写真）。日付や願主から見て、実朝が中納言となったことから、今後の行く末を祈念してのものと考えられる。その翌日の一一月二四日、実朝は「医王山」に渡ることを決断して唐船を造るように陳和卿に命じた。

だが翌年四月一七日に数百人の人夫を調達し、唐船を由比浦に浮ばせようとしても、浮かぶことなく船は浦の砂浜に徒《いたず》らに朽ち損じていった。この浜は唐船が出入出来る海浦ではないためであったという（『吾妻鏡』）。

唐船での渡航を断念した実朝は、後継者を京から迎えることを考えるようになり、そのためには自らの官位を上昇させて、後継者をバックアップする体制をしき、その上で政界から引退し仏道修行に入る道を模索したのであろう。

しかし建保七年（一二一九）正月、右大臣拝賀のため鶴岡八幡宮に参詣した際に甥の公暁《くぎよう》の刃によりはかなくこの世を去ることになった。

3　執権政治と鎌倉の世界

承久の乱

承久元年（一二一九）二月一三日、幕府（政子の「禅定《ぜんじょう》二《に》位家《いけ》」）は後鳥羽上皇の皇子の六条宮か冷泉宮のいずれかを関東の将軍として下向させてほしいと申請する使者を送ったが、その申請の奏状には宿老の御家人たちが連署していた。

しかし皇子下向に上皇は同意しなかった。実朝が在世中であってこそその意味はあったのであり、実朝がいない今は「イカニ将来ニコノ日本国二《ふたつ》ニ分ル事ヲバシヲカンゾ、コハイカニ」と日本が二つに分かれる事態になることに危惧を抱いて、皇族でなく人臣ならばよい、と返答したという。

こうして九条道家の「二歳ナル若公《わかぎみ》」が鎌倉に下ることになり、七月一九日にその寅君《とらぎみ》（三《み》寅《とら》）が鎌倉に下ってきた。政子は頼朝との関係を重んじ、後継者を九条家から鎌倉に迎えたのであって、すぐに政所始《まんどころはじめ》が行われたが、若君が幼稚なので二品禅尼《にほんぜんに》政子が理非を簾中《れんちゅう》で聴断することになったという。尼将軍の誕生である。

幕府の相次ぐ内紛を見た上皇は倒幕へと動いていった。源平の争乱時に神器なしに、また東国を武家に奪われたなかで天皇になったこともあり、その制約を克服すべくあらゆる試みを行ってきた。蹴鞠や武芸など様々な芸能を自ら実践して身につけ、王朝文化の精髄である和歌に力を注ぎ、『新古今和歌集』を編んだ。これは鎌倉にもたらされて実朝に大きな影響を与えたが、その実朝が殺害されたのを見て倒幕へと向かったのである。

皇子の下向を要請する幕府の使者に対し、遊女亀菊《かめぎく》の所領への地頭職停止を求めるなか、武力を結集していった。そうした上皇の行動に危機感を抱いたのが上皇の護持僧であった慈円《じえん》であり、歴史書『愚管抄』に保元の乱以降の武者の世の動きを詳しく記し、道理に基づく歴史の流れを語って上皇を諫めたが、ついに上皇は挙兵した（承久の乱）。

上皇の目論見は追討の宣旨を出せば、幕府は内紛で瓦解するであろうというものであったが、京下りの大江広元が軍勢の上洛を主張し、北条政子も頼朝以来の将軍の恩顧を強調する檄を発した。政子は、上洛しなければ官軍を破りがたいとして、安保刑部丞実光《あぼのぎょうぶのじょうさねみつ》ら武蔵国勢の到着を待って上洛するように命じたことから、これによって遠江・駿河・伊豆・甲斐・相模・武蔵・安房・上総・下総・常陸・信濃・上野・下野・陸奥・出羽の東国十五か国の家長に軍事動員がかけられた。

義時の子泰時と弟時房が大軍を率いて上皇方の武士たちを圧倒的な軍勢でもって退け、その結果、天皇は廃帝とされ、後鳥羽・土御門《つちみかど》・順徳の三上皇は配流となった。二人の大将軍は京に進駐し、朝廷の監視や乱後の処理、西国の御家人武士の統括にあたる六波羅探題となり、幕府が朝廷を凌駕したことから新たな政治世界が生まれた。

乱後の武蔵武士

承久の乱で没収した所領に幕府が地頭を置いていったことから、横浜市域の武士たちも新たに地頭職を得たが、その例として平子氏を見ておこう。

将軍家政所下す　平□□
早く領知せしむべき武蔵国久良郡平子郷内石河村幷《ならび》に越後国山田郷地頭職の事
右人、親父経季寛喜三年三月十日譲状に任せ領知すべき也。但し舎弟二人分は濫妨すべからざるの状、仰する所件の如し、以て下す
貞永二年四月十五日　案主左近将曹菅野
令左衛門少尉藤原（花押）　知家事内舎人清原（花押）
別当相模守平朝臣（花押）
武蔵守朝臣（花押）

平子経季《つねすえ》が寛喜三年（一二三一）に平子郷内石河村と越後国山田郷を子に譲与したことで将軍家政所から出された下文であるが、山田郷は承久の乱の恩賞により与えられたものであり、石河村は平子郷を分割して相続したものであろう。

平子氏にはこのほか周防国の仁保荘《にほのしょう》や多々良荘《たたらのしょう》も所領としていたが、それらは周防国に地頭が設置された文治元年（一一八五）以後に与えられたものであろう。平子氏の菩提寺は真照《しんしょう》

寺《じ》（磯子区）と宝生寺《ほうしょうじ》（南区）があって、真照寺には幕府草創に寄与した平子有長の尊崇したという毘沙門が安置されている。

建長二年（一二五〇）三月一日に幕府は焼失した京の閑院内裏の再建を担うことになり、幕府の御家人が費用を負担したが、その目録によれば、二条面南《にじょうづらみなみ》、油小路《あぶらこうじ》北一六本のうち一本が「平子左衛門跡」に、河堰二三八丈のうち西鰭《にしひれ》の一〇丈が「平子次郎入道跡」に課されている。「跡」というのは、かつて負担した時の武士の後継者が勤める分を示したものである。平子左衛門と次郎入道がそれぞれ真照寺・宝生寺の檀那であったと見られる。

乱後には鎌倉幕府の要人たちの横浜市域への進出はさらに盛んになり、横浜市域の年来の武士たちが生き残ってゆくのは困難を極めたことであろう。平子氏は横浜市域の苗字の地に所領を維持しつつ他国にも地頭職を獲得したので、やがて他国の地に本拠を移して新天地を開発してゆくが、これと同様に西国や北国に遷った御家人も多かったことであろう。

武蔵国では嘉禄二年（一二二六）四月一〇日に河越三郎重員《しげかず》が武蔵国留守所総検校職《るすどころそうけんぎょうしき》に補任《ぶにん》されたが、これについて『吾妻鏡』は先祖「秩父出羽権守」以来代々補任してきたものと記している。特にこう記したのはこの時期に武蔵国留守所総検校が初めて置かれ、その先例を「秩父出羽権守」に求めたことによるものと考えられる。

幕府の新体制

貞応《じようおう》三年（一二二四）六月、幕府の屋台骨を支えていた北条義時が急死して、泰時が六波羅から鎌倉に戻ると、継母の伊賀の方が実子である政村《まさむら》を次期執権に擁立しようとした事件が起きた。これに対し、政子が泰時と時房を執権と連署に任命して伊賀の方を退けたことから、執権となった泰時は自身の政治基盤の脆弱さを知って慎重な行動をとり、父義時の遺領配分では弟妹に多く与えたため、政子が取り分を多くさせようとしたが辞退したという。

しかしそのかたわらで泰時は北条氏嫡流家の家政を司る「家令」を置き、信任厚い家臣の尾藤景綱を任じるなど、北条氏嫡流の家督の家としての得宗家《とくそうけ》の基礎を築いた。さらに承久の乱の勝利により武家政権としての自信と自覚とを抱いた泰時は、京の政治と文化を以前よりも積極的に摂取していった。嘉禄元年（一二二五）七月に政子が亡くなると、有力御家人による合議政治を目指したが、これは幕府を形成し発展させてきた有力御家人を政治機構の中心に据える体制の構築である。

一〇月三日の「群儀」により、御所を鶴岡八幡宮の前、若宮大路近くの宇都宮辻子《ずし》の地に移転することとし、一二月二〇日に将軍の後継者である藤原頼経が新御所に移ったその翌日に、新御所に執権の泰時・時房と評定衆《ひようじようしゆう》が集まって「評議始」を行っている。これは執権を中心として、有力御家人から選ばれた評定衆の合議によって政治を運営する執権体制の成立を意味するものであり、その場からは鎌倉殿は排除されていた。

その直後に三寅の元服が行われ、翌嘉禄二年（一二二六）正月に将軍宣下を要請する使者が京都に派遣され、頼経が将軍に任じられたのだが、それは実権を執権主導の評定に奪われた将軍であった。

元仁《げんにん》元年（一二二四）一二月から、泰時は「政道興行の志」を抱いて、明法道の研究を毎日行っていたが、これは武家の法典の整備のためであり、寛喜三年（一二三一）の大飢饉に応じて、武家の法典『御成敗式目』（貞永式目）の制定へと動き、貞永元年（一二三二）五月一四日に「御成敗の式条」を本格的に定めた。七月一〇日に「政道の無私」を表すため一一人の評定衆から連署起請文を提出させ、評定衆に政治や裁判を式目に基づいて公平に行うことを仏教の守護神や鶴岡八幡の八幡神、荏柄《えがら》天神の天満天神などに誓わせ、北条時房と泰時が「理非決断」の職として署判を加えて『貞永式目』（『御成敗式目』）が成立した。

これは武家の法典として長く武家政権に継承されていったが、特に戦国大名が家を興すにあたり、幕府の歴史を描く『吾妻鏡』とともに重視された。

鎌倉圏の同心円的支配

泰時は行政の面でも意を尽くして整備した。中央には行政機関である政所・問注所、京都には西日本の支配を担う六波羅探題、諸国には守護など地方支配の機関を整えている。全国政権としての幕府の置かれた鎌倉の整備も図った。頼朝の時代に鶴岡八幡宮、勝長寿院、永福寺などの社寺が御所を囲む形で造営され、街区が形成されてきていたが、さらに一段と整備を進めていった。

京都の行政制度にならって鎌倉中に行政区として「保《ほ》」を設け、宅地制度を導入して都市法を定め、暦仁《りやくにん》元年（一二三八）の将軍上洛の際に京都の治安を守るため篝屋《かがりや》を配置した経験から、鎌倉にも篝火のある警護所を設置して治安維持を図った。三方が山に囲まれた鎌倉の内と外とを結ぶ境界には、巨福呂坂《こぶくろざか》や朝比奈の道を新たに開削し、鎌倉と六浦津《むつらのつ》の間の道路の整備を御家人らに命じ、浜の和賀江《わかえ》には勧進上人の往阿弥陀仏《おうあみだぶつ》を支援し和賀江島を築港した。

この段階で鎌倉は当初の自然の要害の地という性格を脱し、開かれた都市へと成長することになったので、それとともに繁栄を誇る鎌倉に多くの人々が訴訟や、幕府に仕えるために京都から下ってきたが、その様を記したのが紀行文『海道記』『東関紀行』であり、これには由比浜や八幡宮など鎌倉の繁栄が記されている。大仏が鎌倉の西の地に勧進上人浄光がその費用を東国の民衆から集めて造られると、人々は救いを求めて鎌倉にやってきた。

鎌倉中の政治的・経済的整備とともにその周囲から鎌倉を護持する措置もとられた。貞応三年（一二二四）六月に雨乞いのため霊所で七瀬《ななせ》の祓《はらい》が行われたが、その七瀬とは由比浜、金《かね》洗沢池《あらいさわいけ》、固瀬河《かたせ》、六連《むつら》、独河《いたち》、杜戸《もりと》、江島の竜穴であった。一二月には疫病が蔓延したのを理由に「四角四境《しかくしきょう》」の鬼気祭が、東の六浦、南の小壺、西の稲村、北の山内の四境で行われており、寛喜二年（一二三〇）一一月にも将軍家の願により霊所で祓が行われたが、それは由比浜、金洗沢、多古恵河《たごえ》、森戸、独河、六浦、堅瀬河《かたせ》であった。

四角四境祭が行われた四隅に囲まれた地域が広義の鎌倉とされたのであって、それは南が相模湾の浜辺、東が東京湾の浜辺、北が山内庄の独河、西が山内庄の独河が合流して南に下る柏尾川・堺川で囲まれた地域である。

この鎌倉圏のその外延部が鎌倉近郊の地であり、西が相模川、南が相模湾、東が東京湾で、北は武蔵の多摩川にまで及んでいた。延応元年（一二三九）一一月一四日に小机郷鳥山（港北区）の荒野を水田に開発するよう佐々木泰綱に命じている。

仁治《にんじ》二年（一二四一）一〇月二二日には武蔵野に水田を開くため「多磨河」の水を引く土木工事の開始に際して行われる「犯土《ぼんど》」の儀式には、武蔵が将軍家知行国なので将軍が出向いたのである。陰陽師にその地を占わせると、秋田城介安達義景《よしかげ》の鶴見郷（鶴見区）が本所とされ、一一月四日に将軍が義景の武蔵国鶴見別荘に到着して儀式が行われた後、笠懸の勝負が行われ、翌日の鎌倉への帰路では海辺を遊覧し犬追物《いぬおうもの》も行ったという。

小机郷が佐々木泰綱の、鶴見郷が秋田城介義景の所領となっているなど、横浜市域の土地は鎌倉の後背地として北条氏や幕府要人、女房の所領とされ、また鶴岡八幡や勝長寿院・永福寺など寺社の料所《りょうしょ》とされていったのである。

武蔵国からの物資は府中から東京湾に運ばれ、鎌倉の浜の御倉《みくら》に納められていた。寛元三年（一二四五）五月二二日に浜の倉の中に小蛇が現れたので卜筮《ぼくぜい》や祈祷が行われているが、ここは武蔵守の管領する「庫倉《こそう》」であったという。こうして鎌倉は東国の首都として機能し、横浜市域はその鎌倉首都圏として位置づけられたのである。

鎌倉仏教と身体

一二世紀後半から人々は自らの身体を見つめ、身体に沿ってものを考え、身体を駆使するようになっていたのだが、武士もその身体を駆使して武家政権を生み出したものである。その身体に関わる著作に、自らの身体をみつめて書かれた自伝がある。

禅宗を大陸から将来した栄西の自伝は、江戸時代に編纂された『霊松一枝《れいしょういっし》』に載る「栄西《えいさい》入唐縁起《にっとうえんぎ》」に見えるが、それは「予ハ備中吉備津宮神主子孫也」と始まり、備中の吉備津宮の神主の子として「保延七年辛酉《しんゆう》歳（一一四一）四月」に生まれたと記している。自らの生まれた年月までを記していることに身体への多大な関心がうかがえる。

鎮西に赴いた栄西は大陸に渡って禅宗を大陸からもたらすと、禅宗こそが護国の仏教であり、鎮護国家にふさわしいことを『興禅護国論』に説き、禅という身体を駆使する仏教を伝えた。鎌倉に下って北条政子や源実朝の帰依を受け寿福寺《じゅふくじ》の長老となっている。

『吾妻鏡』建保《けんぽう》二年（一二一四）二月四日条によれば、実朝が前夜の酒による二日酔に苦しんでいるのを見た栄西が、「良薬」と称し寺から茶を取り寄せて勧め、「茶徳」について坐禅の余暇に書き出したという一巻の書を献上した。これが『喫茶養生記』である。

人一期《いちご》を保つに命を守るを賢となす。その一期を保つに源は養生に在り。その養生の術を示すに五臓を安んずべし。是れ妙術なり。

ここで栄西は、養生の重要性を強調し、「茶は養生の仙薬なり。延命の妙術なり」と茶を養生に最適であると記し、「多く痩を病む人有り。是れ茶を喫せざるの致す所なり。若《も》し人心神快からざれば、その時、必ず茶を喫し心臓を調《ととの》へて万病を除愈《じょゆ》すべし」と、心身の健康のために広く人々に茶を勧め、今に続く喫茶の習慣はここに生まれた。

比叡山の別所で修行をしていた法然は、浄土宗信仰に帰着して、承安四年（一一七四）に念仏勧進を京中で行い始めてやがて浄土宗を開くと、念仏を専らにすることを主張する『選択《せんちゃく》本願念仏集《ほんがんねんぶつしゅう》』を著していった。

それぞれ家を出てさらに出家の場をも跳びだし、我が身を投げ出し勧進活動に乗り出していったのであるが、山門や南都の大衆たちも集会を開いて一揆の場を形成し、もし訴えが認められないならば、寺を離れ山林に籠もるか、寺を焼いて朝廷を呪うという決議を交わし主張を繰り広げていった。

やがて『海道記』が「東国はこれ仏法の初道なれば、発心沙弥《ほっしんじゅみ》の故に修行すべき方《かた》なり」と語っているように、新たな仏教の教えは武家政権のある鎌倉をめざし、鎌倉を布教の試金石として競って入ってきた。

身体の世紀

泰時の孫の北条時頼は、将軍や将軍と結びついた有力御家人の三浦氏などの敵対する勢力を宝治元年（一二四七）に退けると（宝治合戦）、その勢いに乗って京都の後嵯峨上皇に政治の刷新を要求して認めさせた。さらに上皇の皇子宗尊《むねたか》親王を将軍に迎え、朝廷を凌駕する新たな権力の樹立をめざし、禅院として建長寺を建立したが、その開山には宋朝の蘭渓道隆《らんけいどうりゅう》をあて、ここに本格的な大陸の規式に基づく禅宗寺院が生まれた。

日本人はこれまで大陸の文化を取り入れ学んできたことから、その頭は教学で占められてきたのだが、この時代になると自らの身体に発して行動するようになった。祈祷や教学優先の仏教世界に飽きたらずに行動を開始するようになったのが、一向に念仏や座禅、読経を邁進すべきことを主張した仏教者である。そこで生まれた浄土宗や禅宗、日蓮宗など、当時、「一向宗」

と称された宗教運動は日本人の身体に則していたことから今に繋がって、日本人の信仰の大多数を占めている。

歌人の鴨長明は六〇歳に臨んで、京の郊外の日野に庵を建てた。広さ方丈、高さ七尺、簡素な屋根を葺き、継ぎ目に懸金《かけがね》を掛け移動を容易にしたものである。その自伝ともいうべき『方丈記』によれば、東に三尺余の庇《ひさし》をかけ、南に竹の簀子《すのこ》を敷き、その西に閼伽棚《あかだな》を作り、北に寄せて障子をへだてて阿弥陀仏の絵像を安置し、東の際に蕨《わらび》の干し草を敷いて寝床としたという。長明はこの住宅について、「惣《すべ》て世の人のすみかを作るならひ、必ずしも身の為にせず」「われ今、身の為にむすべり、人の為に作らず」と述べている。

我が身のために家を作ったのであると力説し、仮の住居と思っていたが住みつくうちに故郷のようになったとも語っている。ここに身体に基づく住宅論が認められる。平安京に都市が形成され始めてから約三〇〇年、貴族でもなく、武士でもない長明のような遁世者であったからこそ、その身を置く住宅についての独自な考えが生まれたのである。

こうした我が身体から発する住宅論をひときわ強く主張したのが『徒然草』の兼好である。その五八段は「道心」（求道の心）があれば住む所はどうでもよいと主張する人に対し、こう語る人は後世が何かをよく知らぬ人であり、「閑《しづ》かならでは、道は行《ぎよう》じがたし」と、「閑かな」住環境こそ大切であると力説し、餓えを助け、嵐を防ぐ「よすが」が大事とも説き、家をどう造るべきかの住宅論を開陳したのが、「家の作《つくり》やうは夏をむねとすべし」と始まる五五段である。

家は夏を念頭において建てるべきこと、涼しさと明るさの演出が大事なこと、無用な部分を造るのもまたよいとしている。人々がいかに住むかを念頭において、住宅とはこうあるべきであると、住宅論を展開したものであって、この段は日本人の感性をよく物語るものとして広く受け入れられてゆく。それはよく兼好が身体性に基づいて家のありかたを主張していたがためである。

十　東アジア世界の流動と職能の人々

1　宗教者と職人の活動

大陸との交流と禅宗寺院の広がり

京から招かれた将軍宗尊親王が文永三年（一二六六）に京に追放され、幕府は得宗中心の体制をしいたが、そこに到来したのがモンゴルから交易を求める使者である。一二世紀後半に大陸のモンゴル高原に興起したモンゴル族は、ユーラシア大陸を席巻し、その余波が日本にも及んできたのである。

モンゴルの襲来によって宋朝は滅亡の危機にあったので、大陸から渡ってきた禅僧たちにはモンゴルへの敵愾心が強く、その影響もあって北条時頼の死後に若くして政治指導者となった子の時宗《ときむね》は、モンゴル襲来に強硬に対応し、二度にわたるモンゴル襲来を広く御家人を動員して退けた。

渡来僧たちは禅宗をもたらしただけでなく、禅宗の背景をなす宋文化を直接にもたらしたことから、その生活文化や学問が武家文化に大きな影響をあたえたが、さらにこの影響を加速化させたのが大陸貿易の広がりである。南宋を滅ぼして国号を元とした後も、元が経済交流を望んでいたこともあり、多くの唐物が流入し、仏典や漢籍も入ってきた。

　唐の物は、薬の外は、みななくとも事欠くまじ。書物は、この国に多く広まりぬれば、書きも写してん。唐土舟《もろこしぶね》の、たやすからぬ道に、無用の物どものみ取り積みて、所狭く渡しもて来る、いと愚かなり。

『徒然草』一二〇段はこのように記し、「無用」な唐物で氾濫している世の風潮を皮肉っているが、唐物は博多を経て各地に運ばれていた。鎌倉には大陸から渡来した禅僧が招かれて、各所に禅宗寺院が生まれ、参禅する武士も多くなり、禅宗は幕府の厚い保護をえて鎌倉に定着していった。時宗はモンゴルとの合戦で亡くなった人々の霊を敵味方なく慰めるために、建長寺に次ぐ禅宗寺院として円覚寺を弘安五年（一二八二）に建立すると、その開山には自身が禅を学んだ無学祖元《むがくそげん》をあてている。

　その時宗が二年後に急死した跡を受けた子の貞時《さだとき》の時期にも多くの禅僧がやってきた。なかでも一山一寧《いっさんいちねい》は元朝から派遣されてきたこともあって、武士への禅宗普及に力を注ぎ、その門下からは多くの優秀な禅僧が育った。貞時は禅を学びよく理解して、大陸の五山の制度に倣って五山を定めるなど禅宗寺院を手厚く保護したので、大陸に渡る僧が激増するいっぽう、大陸に渡った経験のない僧が建長寺や円覚寺の住持になることもあって、禅宗はしだいに大陸とは違った独自の性格を帯びるようになった。

鎌倉の谷奥に建てられた寺院を道場とする叢林《そうりん》の禅が広がり、仮名法語《かなほうご》などによって武士に禅宗を伝える工夫がなされたので、禅は武士に着実に根をおろしていった。横浜市域にも禅宗寺院が建てられたが、なかでも磯子区杉田の東漸寺《とうぜんじ》はその代表格で、永仁六年（一二九八）の寺の梵鐘《ぼんしょう》の銘文によれば、宗鑑《そうかん》がこの年に真言宗を禅宗に転じさせたとあり、寺伝によれば正安三年（一三〇一）に桃渓徳悟《とうけいとくご》を開山として北条一門の宗長《むねなが》が開いたという。

創建時の仏殿の釈迦堂が今に残っており、所蔵する「詩板」には無学祖元や一山一寧、東《とう》明慧日《みょうえにち》、東里徳恵らの渡来僧や中国留学経験僧などあわせて四六名の僧侶の詩が刻まれていて、彼らがこの地に遊んで風光明媚な風景に心を癒していたことがうかがえる。

称名寺と金沢文庫

禅宗とともに幕府の厚い保護を得たのが律宗である。奈良西大寺の叡尊《えいぞん》は弟子の忍性《にんしょう》が東国で活動するなか、北条時頼や北条一門の金沢実時《かねざわさねとき》の招請に応えて弘長二年（一二六二）に鎌倉に下ってきた。幕府は禅宗を導入して建長寺を護国の寺院として建てるとともに、撫民政策を展開するにあたって、戒律の再興をはかり民衆の救済を勧める律宗の活動を保護した。全国的な飢饉が起きていたこともあり、叡尊は幕府首脳の帰依を獲得していった。

北条一門の重時《しげとき》は鎌倉の西の邸宅内に極楽寺を設けていたが、忍性に帰依して極楽寺を律宗寺院となしてその開山に迎えると、忍性は病院や馬の治療院を極楽寺境内に設けるなど、広く社会活動や救済活動を行った。特に橋や道、港湾の整備などの公共工事を勧進活動により進めていった。

金沢実時は、母の菩提を弔うために六浦庄の金沢郷に称名寺を設けていたが、文永四年（一二六七）に忍性の推薦で下野薬師寺の審海を開山に招いて律宗の寺となし、本尊の弥勒菩薩像を建治二年（一二七六）に安置した。その境内は金堂前の阿字池を中心とする浄土式庭園であるが、元応二年（一三二〇）に貞顕《さだあき》の代に整備されて新たな庭園風景となった。元亨《げんこう》三年（一三二三）の称名寺の結界絵図には、浄土庭園に律宗寺院の性格が付加された様子がよくうかがえる（一二七頁図版Ⅲ・2参照）。

北側に配置された金堂・三重塔・講堂は整った寺院としての規範が示され、東側には律院の施設が建ち並び、西側には邸宅と八幡新宮などの浄土宗寺院の名残が認められる。池や橋は発掘調査を経て一九八七年に復元されているが、実時の子顕時《あきとき》・孫貞顕らの墓が東北隅にあり、顕時の墓とされる五輪塔の下には中国の竜泉窯《りゅうせんよう》産の青磁壺が納められていた。

実時は政界から引退すると、建治元年（一二七五）ころに邸宅内に文庫（金沢文庫）を設け、収集していた政治、歴史、文学、仏教など幅広い書籍を納めたが、貞顕の時に文庫の管理が称名寺長老の釼阿《けんな》にゆだねられた。嘉元四年（一三〇六）、称名寺の造営費用を得るために元に交易船（寺社造営料唐船）が派遣され、それには称名寺の俊如房《しゅんにょぼう》（快誉《かいよ》）が乗船し大陸から唐物を将来しており、現在、文庫には多くの唐物が保管されている。

この金沢文庫のコレクションは八世紀の正倉院や一二世紀の鳥羽の勝光明院経蔵、京の東山の蓮華王院経蔵の系譜を引き、東国の王、武家のコレクションの性格を有していた。そのため後世の武家は文庫のコレクションを持ち出し新たなコレクションの手がかりとしていった。一五世紀に誕生した下野の足利学校や徳川幕府の文庫の蔵書にも役立てられたのである。

横浜市域では北条時広が「武蔵佐江士郷《さえど》」（緑区佐江戸町）の地に殺生禁断を叡尊に申請しており、また都筑区荏田《えだ》の真福寺には清涼寺式の釈迦如来像が存在するが、奈良西大寺に叡尊が清涼寺式釈迦如来像を安置してから、この像は各地の律宗寺院で安置されるようになったので、荏田の近くにも律宗の影響が及んでいたことがわかる。

鎌倉の文化を垣間見る

『徒然草』を著した卜部兼好が金沢の地に滞在したことは次の『徒然草』三四段から知られる。

甲香《かいこう》はほら貝の様なるが、小さくて口のほどの細長にさし出でたる貝の蓋なり武蔵国金沢といふ浦にありしを、所の者はへなたりと申し侍とぞいひし

金沢の浦に棲息する甲香（アカニシ貝）に興味を抱いて記したものであるが、このような日常の些細な事を書物に記すことは、これまでにない関心の在り方がうかがえる。兼好は金沢に二度住んでいたが、そのことは次の二つの歌からわかる（『兼好歌集』）。

武蔵の金沢といふところに、むかし住みし家のいたう荒れたるにとまりて、月あかき夜

ふるさとの浅茅が庭の露のうへに　床はくさ葉とやどる月かな（七六）

相模の国いたち河といふところにて、このところの名を句の頭にすゑて、旅の心を

いかにわが　たちにし日より　塵のゐて　風だにねやを　はらはざるらん（七七）

前の歌から兼好が二度下ってきたことがわかり、後の歌ではその住んだ土地の近くを流れていた鼬川の名に興味を示し、「いたちかは」という字を五七五七七の各句の最初に詠む折句《おりく》で作っており、兼好が鎌倉圏の北辺に住んでいたことがわかる。

室町時代の歌人の正徹《しょうてつ》が著した『正徹物語』は、兼好の身分について「兼好は俗にての名也」「官が滝口《たきぐち》にてありければ、内裏の宿直《とのい》に参りて、常に玉体を拝し奉りける」と記しており、滝口であったという。順徳天皇の『禁秘抄《きんぴしょう》』によれば、天皇には殿上人、蔵人、蔵人所雑色のほか、

滝口や出納《すいのう》、小舎人《こどねり》、地下者《じげしゃ》、医道、陰陽道が仕えていたとあるが、このうち蔵人所雑色までは殿上で奉仕していたが、滝口以下はそれより低い身分で、地下で雑役を奉仕していた。

滝口といえば滝口の武士がよく知られているが、滝口に選ばれたのは武士だけでなく、学生の試験もあったので（『禁秘抄』）、おそらく兼好は滝口に学問によって選ばれたのであろう。兼好はこれまで蔵人と考えられてきており、その根拠の一つが『徒然草』二三段の記事であって、宮中の内裏の建物の呼称や殿上で交わされる言葉、奉仕する人々の風情などがめでたく優である、と語っているが、その関心事は建物の呼称や言葉、鈴の音などの音声に向けられており、殿上で奉仕せずとも地下に聞こえてくることである。

天皇に滝口として仕えて兼好は、一三世紀初頭に東国に下り、金沢で鎌倉の世界を覗き、そこで仕入れた話を『徒然草』に書いたのである。「鎌倉の海に鰹といふ魚は」とはじまる、鎌倉では鰹という下賤な魚を上流の人も食べていると指摘する一一九段や、北条時頼が北条一門の若き宣時《のぶとき》を呼んで一緒に小さな土器《かわらけ》に付着していた味噌を肴にして酒を飲んだという往年のつつましい生活を語る二一五段、その時頼の母の松下禅尼《まつしたぜんに》の質素で倹約ぶりを語る一八四段などである。

職人への視線

兼好は関心が赴くままに人々の活動や言葉を書き記した。水車づくりの「宇治の里人」（五一段）、「連歌の賭物取り」（八九段）、「商人」（一〇八段）、「双六の上手」（一一〇段）、「大福長者」（二一七段）、「陰陽師」（二二四段）「よき細工」（二二九段）、「盲法師の琵琶」（二三二段）に触れるなど、多くの職能の人々（「職人」）の話が見えるのは、彼らに近いところに生き、住んでいたからにほかならない。

この時代には職能の人々が台頭していたのであって、兼好もその一人の念仏者、歌人であるが、文筆をも職能としており、実に『徒然草』はその作品であったと言えよう。『徒然草』や歌集からは兼好が和歌を代作していたことが知られ、『太平記』には高師直《こうのもろなお》から恋文の執筆を依頼された逸話が見える。

職人といえば、『鶴岡放生会《つるがおかほうじょうえ》職人歌合《しょくにんうたあわせ》』という歌合が編まれている。これは京の東北院に集まる職人の歌合『東北院職人歌合』に倣い、鎌倉の鶴岡八幡宮の放生会に集った職人の歌合という趣向により職人の生態を和歌に詠んだものである。月と恋の歌を二四人の職人が左右に分かれて歌を詠み、八幡宮の神主が判者として勝負を判定している。

楽人と舞人、宿曜師《すくようし》と算道《さんどう》（算術を業とする者）、持経者《じきょうしゃ》（法華経読み）と念仏者、遊女と白拍子、絵師と綾織《あやおり》、銅細工と蒔絵師、畳差と御簾編《みすあみ》、鏡磨《かがみとぎ》と筆生《ひつせい》（書き役）、相撲と博労、猿楽と田楽、相人《そうにん》（人相見）と持者（経読み）、樵夫と漁父というメンバーで、各々の職人の身になって歌人が詠んでおり、職人の成長がよくうかがえる。

その職人のうちの「絵師」の手により多くの肖像画や絵巻が作成された。蘭渓道隆らの禅僧の頂相《ちんぞう》（肖像画）、金沢実時や顕時らの似絵《にせえ》が作成され、『石山寺縁起絵巻』や『一遍聖絵《いっぺんひじりえ》』には多数の職人の姿が描かれている。なかでも『一遍聖絵』は一遍が「念仏者」で、日本各地の市や町、湊や宿に訪れたので、そこで活動する職人の姿も描かれたのである。

伊予に生まれた一遍は各地を遊行し信濃の佐久市で念仏を行っていたところ、大井太郎などの武士の館に招かれ、そこで踊念仏を始めると、奥州江刺《えさし》の祖父の墓参りをした後、常陸の府中（石岡）や武蔵の石浜（浅草）を経て、弘安五年（一二八二）には決意して鎌倉入りを果たそうとした。

弘安五年の春、鎌倉に入りたまふとて、ながさこといふところに三日とどまりたまふ。聖、のはまはく、鎌倉入りの作法にて化益《けやく》の有無を定むべし。利益たゆべきならば、是を最後と思べき由、時衆に示して、三月一日、こぶくろ坂より入り給ふ、

一遍は「ながさこ」で今後の布教の成否を試めそうと考えたというが、石浜から鎌倉に赴く途中の道は鎌倉道の下道であり、鎌倉に入る手前の「ながさこ」は横浜市域内と考えられる。藤沢市の長後という説もあるが、これは「ちょうご」と読まれており、港南区の永谷《ながや》に「永作」があることから、この地をあてる説に説得力がある。

一遍は鎌倉幕府に信仰を訴えるために、得宗の北条時宗が別荘を構える山内庄を経て巨袋坂から鎌倉中に入ろうとして、当日は時宗が通るのでやめるように、という忠告を受けたにもかかわらず、多くの念仏者や同行者とともに強行し、阻止されてしまう。

だがこれを契機に鎌倉の西の片瀬に舞台を設けて行った踊念仏に多くの人々が集まり、一遍の活動は新たな発展を迎えた。絵巻は片瀬の館の御堂の近くの地蔵堂に板屋を設けて踊念仏を行った時に奇瑞が起きたという場面を描き、板屋の周囲には多くの職人の姿が見え、職人の成長が時代を動かし始めたことがよくうかがえる。

職人の活動の場

横浜市域での職人の活動を伝えるのは石工《いしく》たちの石造品である。青葉区の鴨志田《かもしだ》中学の裏手の墓地にある阿弥陀種子《あみだしゅ》の板碑《いたび》は寛元二年（一二四四）七月の銘文を刻んだ神奈川県下最古の板碑である。板碑とは死者の供養のために造られた石の卒塔婆で、秩父産の緑泥片岩《りょくでいへんがん》を用いた青石塔婆《あおいしとうば》が武蔵北部中心に多く分布するが、この板碑もその青石塔婆で蔵骨器（骨壺）を伴っている。

港南区の野庭《のば》の正應寺《しょうおうじ》に所在する阿弥陀図像の板碑も青石塔婆で嘉暦四年（一三二九）の銘文がある。神奈川区の神奈川新町駅近くの笠䅣《かさのぎ》稲荷神社境内の阿弥陀種子の板碑はもと稲荷山

Ⅳ・2　東漸寺梵鐘　物部国光作　横浜市歴史博物館提供

の麓にあって移されたもので、阿弥陀如来の種子（仏菩薩を示す梵語）の下に南無阿弥陀仏の名号を示す梵字が、五輪塔形の各輪には大日法身真言の梵字が刻まれており、五輪塔が刻まれた板碑の代表的な例として著名である。

　五輪塔は地・水・火・風・空の五種類の形の石の組み合わせからなる卒塔婆で、墓塔や供養塔として各地に造立された。西区の戸部《とべ》駅近くの御所山《ごしょやま》にある伝御所五郎丸墓の五輪塔や杉田の東漸寺の五輪塔、称名寺の金沢氏墓所の五輪塔など鎌倉後期から多く見えるが、こちらの石材は安山岩である。石塔には他に六浦の上行寺《じょうぎょうじ》に「壬辰《じんしん》」年銘の大型の宝篋印塔《ほうきょういんとう》や「文和癸巳《ぶんなきし》」（一三五三年）銘の大型の宝塔なども所在し、当時の死者への供養のありかたがうかがえる。

　鋳物師《いもじ》の手になる梵鐘には東漸寺の物部国光の鋳た永仁六年（一二九八）銘の鐘があるが、その銘によれば了欽《りょうきん》が勧進により造ったもので、称名寺の文永六年（一二六九）の物部国光鋳造の梵鐘は北条実時が鋳造し、正安三年（一三〇一）に子顕時が改鋳している。青葉区恩田にあった禅宗寺院の万年寺の梵鐘は正中二年（一三二五）に道周が発願し、広鑑が大檀那となって鋳物師の物部守光が鋳造したとある。

鋳物師や石工などの職人の活動の場として繁栄をみたのが神奈川湊や六浦湊であるが、文永三年（一二六六）五月二日の北条時宗の下文には「鶴岡八幡宮領の武蔵国稲目・神奈河両郷」に課された伊勢神宮造営の役夫工米《やくぶくまい》を免除したとあり（『鶴岡八幡宮文書』）、これが神奈川の地名の初見である。

『鶴岡社務記録』暦応《りやくおう》元年（一三三八）九月一四日条に「船三艘、神奈河に吹き寄せらるゝの間、数輩を生取り」とあって、伊勢湾を出発して東国に向かった南朝方の義良《のりよし》・宗良両親王一行が暴風雨に襲われて、その一部が当地に漂着している。神奈川湊近くにある浄土宗の成仏寺は永仁年間に心地覚心《しんちかくしん》が開いたといわれ、日蓮宗浄龍寺は文応年間の開基と伝えられる。

六浦には大きな入江があって北側を内海、南側を平潟湾と呼ぶが、その入江が良港として機能していた。東京湾岸を結んで房総半島や武蔵の神奈川湊、石浜（浅草）、さらには古利根川や荒川を経由して北関東とも結んでいて、物資が運ばれた。貞顕は六浦の入江を南北に繋ぐ瀬戸の難所に橋を架ける工事を始め、称名寺長老の釼阿の監督下で総工費二三二貫文を要して一四世紀初頭に完成している。

近くの瀬戸神社には舞楽面である陵王《りょうおう》と抜頭《ばとう》の二つの鎌倉時代制作の面が今に伝わっており、延慶《えんぎょう》四年（一三一一）の「正一位大山積神社」の扁額は世尊寺経尹《せそんじつねただ》の筆で現存しているが、この筆者は世尊寺流の書の家を継承しており、『徒然草』一六〇段に故実をよく知る人として語られている。

貞時の子の得宗の北条高時が招いた禅僧の清拙正澄《せいせつしょうちょう》は、六浦の景色を南宋の首都臨安の杭州西湖の景色によく似ていることから「浙江亭上、擬似多し」と称えたが、これが出発点となって江戸時代には金沢八景として称えられるようになったのである。六浦を含む久良郡は鎌倉幕府の滅亡とともに足利尊氏に恩賞として与えられており、この地は鎌倉時代には北条氏の得宗領だったのであろう。

2　動乱の広がりと職人

職人の行動と言動

職人たちの行動と言動を生き生きと描いたのが兼好である。『徒然草』一〇九段の「高名の木登りと云し男」（植木職人）は、枝先で作業していた時の弟子には黙っていたのに、地面に降りようかという段になってやおら、「誤ちすな。心して降りよ」と発した。その理由について、過ちは安き所に起きるものであると語ったのを聞いて、兼好は「あやしの下ろうなれども、聖人の誡めに叶へり」と褒め称えている。

一一〇段では「双六の上手」の手立を聞いて、それが道を知っている人物の教えと同じであると指摘している。勝とうと打つな、負けぬように打つべきである、と守りの大事さを語るのを聞き、これこそ道を知るものの教えであり、修身・治国もまた同じことだ、と感心している。一一八段では、碁を打つ人に例をとり、「一手もいたづらにせず、人に先立ちて、小を捨て、大に就くがごとし」と記し、総じて一生のうちで一番大事なことを考えるべきで、その他は捨てて励むべきだ、と主張する。

碁打ちについては一九三段で、碁を打つことだけに巧みな人が、賢い人の行う碁が下手なのを見て、自分の智には及ばない、と考えることの愚かさを指摘するとともに、自身の領域の外にある人と争ったり、安易に人の芸の善し悪しを論じたりすべきではない、と主張する。一九四段では、「達人の人を見る眼は、少しも誤る所あるべからず」と記す。

一一四段では「高名の賽王丸《さいおうまる》」という牛飼童《うしかいわらわ》がその技術で尊ばれた話を語り、続く一一五段では、「宿河原《しゅくかわら》」に集まった「ぼろぼろ」という宗教芸能者たちが九品念仏《くほんねんぶつ》をしていたところ、訪ねてきた同じぼろぼろとの間での河原で決闘した、その様子を描いて、「放逸《ほういつ》無慘の有様なれど、死を軽くして、少しもなづまざる方」について、いさぎよく覚えた、と語っている。宿河原という地名は川崎市にあるが、これは京近くの淀川の川原である。

兼好がこのように描いた職人気質は、その後の江戸時代の職人に引き継がれ、近代にも脈々と繋がるが、彼らの姿は『七十一番歌合』や『洛中洛外図』を経て浮世絵に描かれていった。

多くの職能の人々が登場して社会を動かすようになったが、武士や貴族も家職を担って行動する職人の性格をもつようになっていた。『徒然草』八〇段は「夷《えびす》は、弓引くすべ知らず、仏法知たる気色し、連歌し、管絃を嗜《たしな》みあへり」と語り、武士の間に連歌が広まっていたことを、武芸に疎いにもかかわらずそれに力を注いでいたことを批判的に記している。

一八五段に「城陸奥守泰盛は双なき馬乗りなり」と見える安達泰盛は幕府の得宗を外戚として支えた武士であり、次の段に見える「吉田と申す馬乗り」は兼好と付き合いのあった武士であろう。「馬乗り」と称しているように武芸を職として伝える家という在り方がうかがえる。

家職をめぐる争い

貴族の家でもその職能が家職として継承されてゆくようになっており、『徒然草』にはそうした家職に関わる話が多く見える。「園の別当入道はさうなき包丁者なり」と始まる二三一段に登場する園基氏（そのもとうじ）は、料理を家職としており、基氏がさりげなく百日の鯉を切らせてほしいと語ったところ、その気遣いを批判したという「北山太政入道」西園寺実兼は、兼好が仕えた洞院家と並んで関東申次（朝廷と幕府の仲介の職）を勤めていた。このほか「医師《くすし》篤成《あつしげ》、故法皇の御前に候」と始まる一三六段に登場する医師の和気家など、家職に関わる薀蓄を自慢し、逆にその鼻をへし折られる話を満載している。

貴族や武士は家職をめぐって争うようになっていた。摂関家では近衛・鷹司《たかつかさ》・九条・二条・一条の五つの家に分立して争い、和歌の御子左家も藤原定家の孫の代になり二条・京極・冷泉《れいぜい》の三つの家に分立して争った。二条家は嫡流の為世《ためよ》が後宇多天皇に仕えて嘉元元年（一三〇三）に勅撰和歌集の『新後撰和歌集』の編者となると、これに対抗して伏見天皇に仕えた京極為兼は、配流にあった後の正和元年（一三一二）に『玉葉和歌集』を編纂している。冷泉家はこれらに対して鎌倉に下って幕府に仕え、二条・京極が没落するなか生き残ったのである。

こうした家をめぐる分立や対立が広く起きていたことから、朝廷では皇統の対立が生まれていた。幕府と協調し院政を行っていた後嵯峨上皇は、文永九年（一二七二）に子の後深草上皇・亀山天皇らに所領を配分して亡くなったが、その際、次の政治を担う「治天の君」を指名しなかったため、兄弟間で後継者争いが起きた。

嫡系を主張する後深草院と、これまで後嵯峨から愛されてきた亀山天皇との間で争いが生じ、二人の母の大宮院《おおみやいん》の裁定によって、後嵯峨の真意は亀山天皇にあったとされ、亀山天皇の政治が続行した。ところが建治元年（一二七五）一〇月、幕府が後深草上皇の皇子熙仁《ひろひと》を皇太子に立てるように要請したため、熙仁の即位が約束され（伏見天皇）、父後深草上皇が次に院政を行うことが定まり、ここに天皇家の分立、皇統の分裂という事態が生じた。亀山院の系統を大《だい》覚寺統《かくじとう》、後深草院の系統を持明院統《じみょういんとう》というが、大覚寺・持明院はそれぞれの皇統が管理していた御所である。

武士の家でも家職の継承をめぐって嫡子《ちゃくし》と庶子《しょし》の対立が起きており、鎌倉を離れて西国に移り住んだ西遷《せいせん》御家人や六波羅探題に仕える武士も現れた。それぞれ分裂した皇統や摂関家、武家と結んで動いたので、しだいに分裂と対立が深刻なものになっていった。持明院統は朝廷固有の領域を固守しようとし、大覚寺統は儒学や仏教など大陸の文化に関心を注いで王権に権力を集中しようとし、この二つの流れが互いに競い合いながら、それぞれに党派をつくって大きな潮流を形成していった。

兼好が仕えたのはそのうちの大覚寺統で、後宇多の皇子後二条天皇の滝口となり、遁世した後は後宇多院に仕え、後二条の弟の後醍醐天皇にも仕えた。『徒然草』はその後醍醐の御前に集う人々を意識して書かれたものと考えられる。

後醍醐天皇の登場

後醍醐天皇は学問に熱心に取り組み、有能な学者を周辺に集めて儒教の談義を繰り返すなか、やがて「承久の乱前の体制に戻れ」というスローガンを掲げるようになった。元亨元年（一三二一）に親政を開始すると、綸旨《りんし》（天皇が直接に出す命令）万能を主張し他の権力・権威を否定していった。

その際に目をつけたのが活動の著しい職人たちで、彼らを保護し統轄する政策を展開した。王土で活動する道々の輩の興行を唱えて組織し、悪党と呼ばれる新興武士集団を味方に引き入れ、訴訟を記録所で自らが裁き、飢饉に応じては米を放出するなどの意欲的政治を推進した。

しかし次の皇位が我が皇子ではなく、兄後二条天皇の系統に継承されることが幕府によって定められていた。交替で皇位を継承する両統迭立《てつりつ》の原則によるものであり、そこから不満を幕府に抱くようになるなか、これが高じついに皇位を実力で我が系統に伝えるべく、倒幕の謀をめぐらした。

その計画は正中元年（一三二四）に密告によって事前に漏れてしまい（正中の変）、二度目の計画も元弘元年（一三三一年）に漏れたことから六波羅探題が動いた。天皇は京都を脱出して笠置山に籠ったが、驚いた幕府がすぐに大軍を上洛させ天皇の身体を拘束し、隠岐に流して持明院統の光厳《こうごん》天皇を立てた（元弘の乱）。

この「天皇の御謀叛」は後醍醐天皇の配流によって一件落着するかに見えたが、畿内近国で楠木正成《くすのきまさしげ》などの新興の武士、悪党の勢力が新たな戦法によって挙兵するところとなり、さらに有力御家人の足利高氏が反旗を翻し、隠岐の後醍醐天皇と連絡をとって挙兵したことから情勢は一変した。北条氏に次ぐ幕府の有力御家人の挙兵によって幕府は分裂し、京の六波羅探題、鎌倉の幕府、博多の鎮西探題が襲撃の的になった。

上野国の新田荘にあった源氏一門の新田義貞も挙兵して、鎌倉から逃れてきた高氏の子義詮《よしあきら》と合流し、南下して鎌倉を目指した。これに幕府は鎌倉道の上道に桜田貞国を大将に派遣して当たらせ、下道には金沢貞将を大将として背後から新田軍を襲わせたのであるが、貞将は小山・千葉の軍勢に阻まれ、武蔵の鶴見の辺りでも敗れて鎌倉に戻った。

倒幕軍はみるみるうちに膨れ上がり、武蔵の小手指原《こてさしがはら》、分倍河原《ぶばいがわら》の戦いで幕府軍を撃破すると、関戸に集結した軍を三手にわけ、鎌倉の極楽寺坂、巨袋《こぶくろ》坂、化粧坂切通からの突破をめざした。この時、陸奥国の石川義光は新田軍に加わり、五月一七日に相模国の「世野原」(瀬谷区)で戦った後、稲村ガ崎で戦った際には右膝を討たれたという軍忠状を作成し、倒幕の大将義貞から軍功を証明する花押を得ている。

稲村ガ崎の浅瀬を突破した義貞軍が鎌倉に突入して激戦となったが、北条高時は鎌倉の東勝寺に籠って一族・従者とともに自刃して果て、盤石を誇った鎌倉幕府も滅亡した。

南北朝の対立

後醍醐天皇は天皇の「種姓」（血すじ）に基づいてその支配の絶対性を主張し、あらゆる領域の人々に関わってゆき、悪党を引き込み、山野・河海で活動する人々を広く掌握し組織したが、こうした王権至上主義が倒幕をもたらし、公武一統の建武政権を生みだしたのである。

後醍醐天皇の肖像画が時宗《じしゅう》の遊行寺《ゆぎょうじ》に残されているが、それは身に袈裟をまとい、手に密教の法具を持ち、冠を中国の天子に倣って被り、頭上には天照皇大神（伊勢神宮の神）、八幡大菩薩、春日大明神の名が墨で書かれているなど、王法・仏法・神祇で身を飾った王権のあり方をよく物語っている。

足利高氏は天皇の尊治《たかはる》の尊の一字を得て名を尊氏と改め、北条氏の没収所領を与えられ、横浜市域では久良岐郡を獲得した。弟直義《ただよし》は成良《なりよし》親王を奉じて鎌倉に入り、鎌倉親王府を樹立して関東地域を支配するところとなった。

律令政治への復古をスローガンとした建武政権は、摂関を停止し、知行国制を廃して律令制への回帰を図ったのだが、王朝の政治機構は変質して久しく、後醍醐天皇の考えた通りには機能しなくなっていた。旧領を安堵し、新恩を給与することを謳っても、旧領を回復させれば新恩地が少なくなってしまい、新恩地を与えると旧領の回復を願う要求にこたえられないという矛盾があった。

すべてを後醍醐個人が勅断するシステムにも本来的に無理があって、雑訴決断所を置いて訴訟を担当させてはみたが、『二条河原落書』に「洩るゝ人なき決断所」と指摘されたように、様々な人を登用したため身動きのとれない弊害がおきた。

こうしたなか建武二年（一三三五）七月に北条高時の遺児時行が政権に不満を抱く武士たちを糾合して反乱を起こした。信濃で挙兵して鎌倉を守る直義軍を武蔵の女影原《おなかげはら》、小手指原、府中で撃破して鎌倉を占拠したが（中先代《なかせんだい》の乱）、この時に時行軍に呼応した武士に常陸の佐竹氏が鶴見で合戦をしており（『佐竹系図』）、鶴見が鎌倉防衛の要衝であったことがわかる。

弟の窮地に天皇の勅許を得ずして関東に下り鎌倉を奪回した尊氏は、この事件を契機に政権に反旗を翻し、持明院統の光明天皇を立てて室町幕府を開いたので、建武政権は崩壊し、後醍醐天皇は吉野に逃れて正統を主張し、南北朝の対立が始まった。

尊氏の室町幕府の政治方針は『建武式目』十七ヵ条に示されたが、最初に幕府の所在地を京都とすべきか、鎌倉にすべきかを検討した結果、京都を選んだとしている。そのため鎌倉には尊氏の子義詮があって関東の支配権を握ることになった。

暦応二年（延元四年、一三三九）に後醍醐天皇が吉野で亡くなって、その供養が天龍寺で行われたので諸国の動乱は収まるかに見えたが、尊氏とその弟直義との武家政治の方針をめぐって対立がおき、戦乱は容易に収まらなかった。

動乱が収束に向かう

貞和《じょうわ》五年（一三四九）に義詮が上洛すると、弟基氏《もとうじ》が鎌倉に入り鎌倉公方《かまくらくぼう》として関東諸国を管轄するところとなり、上杉憲顕《のりあく》が関東管領《かんとうかんれい》としてこれを補佐し、以後の関東の支配体制の基礎がつくられた。

しかし尊氏・直義兄弟の争いは続き（観応《かんのう》の擾乱《じょうらん》）、鎌倉にいた直義が殺害され、ようやく鎮静化に向かったが、家職の継承をめぐる争いは絶えることなく戦乱は続いた。動乱の広がりとともに、天皇の権威は京都の都市民から諸国の非農業民へ、個々の荘園村落へと下降していった。かれらは綸旨を得たり、偽綸旨を作成したりして、自らの権利を主張していった。

だが、足利義詮が貞治《じょうじ》六年（一三六七）に亡くなり、子の義満が管領細川頼之《よりゆき》の補佐を得て翌年に将軍になると、ようやく室町幕府の体制が整えられていった。関東では、基氏が幕府から派遣された畠山国清を貞治元年（一三六二）に追放して鎌倉府の基礎を固めていたが、貞治六年には基氏も亡くなってその跡を子の氏満が継いだ。

京・鎌倉の世代交代とともに、応安元年（一三六八）に足利義満が応安の半済令《はんぜいれい》を出し、宣旨によって貴族・寺社の領域にもこれを適用させて、広く「大法」として認められ、これを契機に土地の領有の体制が安定し動乱は次第に収束していった。半済とは半分の年貢を納めることで、皇室領や寺社・摂関領以外の荘園・公領の年貢について、その半分を武士に給付することを広く認めたのである。

武士は長い期間にわたり各地を従軍したが、その装備や食料は自弁が原則であったから、それを支える仕組みが必要とされ、戦う武士のために「兵粮《ひょうろう》」（兵糧）料所が預け置かれ、半済の形で給与された。しかしこうした土地の経営は武士には難しく、経営そのものは現地の近くにいる富裕な人々（有徳人《うとくにん》）によってなされ、そこから兵糧などが支弁されていた。『建武式目』が土倉《どそう》などの金融業者の保護を謳ったのも、金融業者の活動を無視しては合戦の遂行や経済も成り立たなかったからである。

鎌倉府は独立性の高い小幕府であり、関東八か国と甲斐・伊豆両国を管轄し、さらに奥羽二か国をも管轄するようになった。これによって武士たちの所領は鎌倉府と幕府管轄地域に分断されていった。

郷村の形成と村の絵図

武士たちが明け暮れ戦うなかにあっても、村には村人たちの手によって開発がなされ、村人の結びつきが強まっていた。早くは建治二年（一二七六）に日野郷の春日神社（港南区）で伊豆出身の峰忍が旱魃に悩む村人の要望から雨乞いの祈祷をしたところ、雨が降ったので鎌倉幕府はその功を賞し春日社領五〇町の安堵と永谷郷を寄進している。

西国では鎌倉後期から惣《そう》という村の結びつきが進んでいた。近江の菅浦《すがうら》は琵琶湖北部の葛籠《つづら》尾《お》半島先端の小さな湾の奥にある村で、比叡山の支配下にあったのだが、住人は朝廷の蔵人所に飲食物を貢納する供御人《くごにん》となり、村の結びつきを強めてゆくなか、永仁五年（一二九七）には蔵人所を通じて訴訟をおこしている。貞和二年（一三四六）には「ところのおきふみ」（所の置文）という掟を定め、これに違反した場合は「惣の出仕」を止めることなどを取り決め、一二人の住民が署判を加えている。

この「惣」は乙名《おとな》・中老《ちゆうろう》・若衆《わかしゆ》等と呼ばれる東・西各一〇名の二〇名によって運営され、年貢の減免要求、年貢の請負などを行った。村人たちの権利獲得や維持のために、文書の保管にもつとめ、時には偽文書を作成することすらあった。菅浦が保管してきた膨大な文書は今に伝えられている。

横浜市域の村人の動きを「武蔵国鶴見寺尾郷絵図」から見ておこう。図師《ずし》という職人によりこの時期には絵図が多く描かれていて、鎌倉の円覚寺には「尾張国富田荘絵図」が、金沢文庫には「行基図」と称される日本図や寺院の境内絵図がある。

鶴見区にあった松蔭寺に伝わるこの絵図は、現在は金沢文庫に保管されているが、裏書に「正統庵領鶴□□□図」「建武元　五十二」とあるので、図の中央に見える「寺」が建長寺正統庵の末寺であったと考えられる。建武元年（一三三四）の裁判によって、かつての堺（「本堺」）

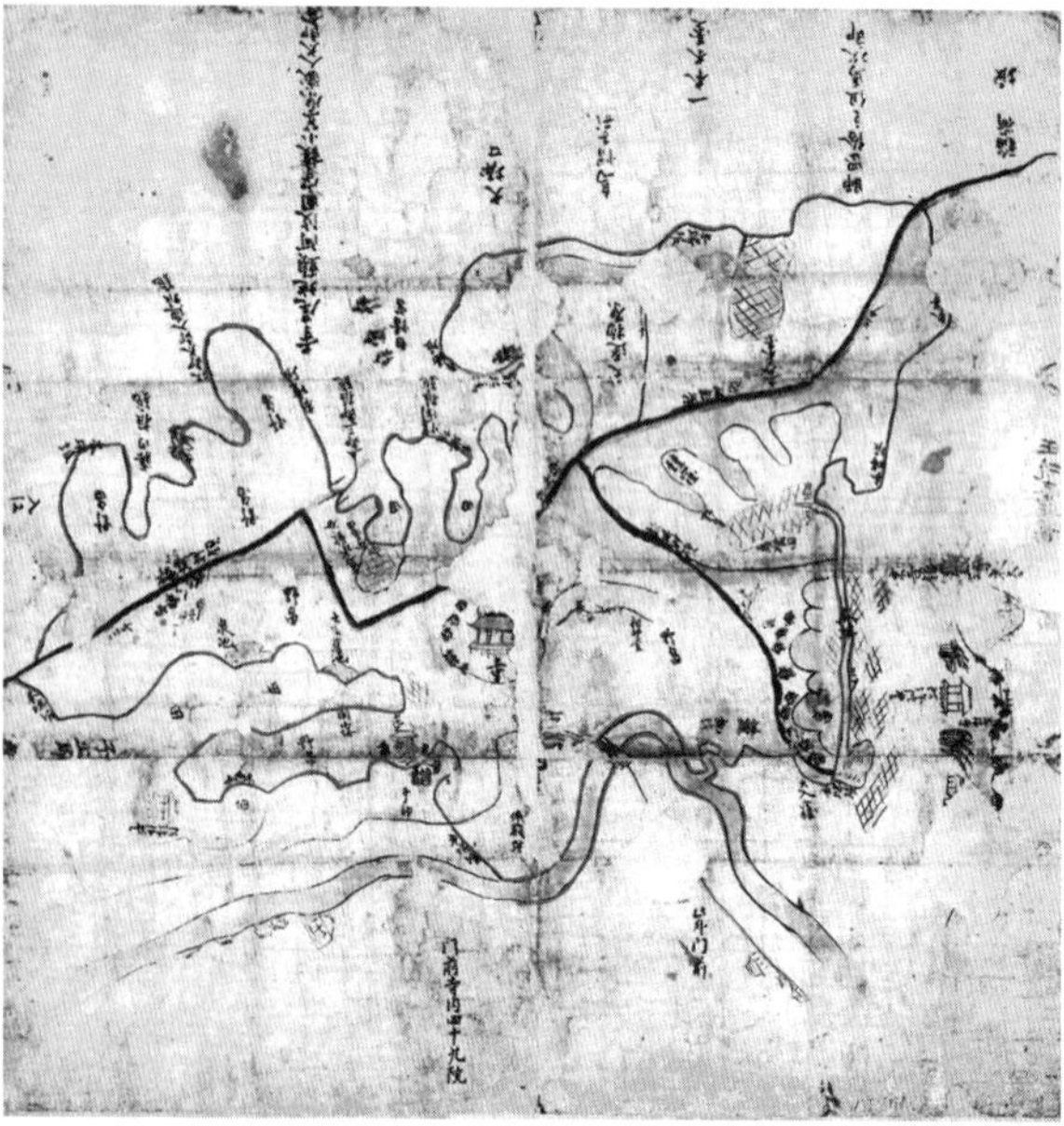

Ⅳ・3　武蔵国鶴見寺尾郷絵図　神奈川県立金沢文庫提供

に代わって「新堺」が設けられたが、それが押領《おうりょう》されたとして、絵図上部の寺尾地頭の「阿波国守護小笠原蔵人太郎(長義)」、右上部の師岡給主の但馬次郎、右下部の末吉領主の伊豆三島社東大夫らの土地との境界を描いて訴えたものであろう。

本堺には「本堺堀」「ミゾ」と各所に付されているので、堀や溝が本堺をなし、本来の寺領は堀で囲まれていて、新堺は「ミチ」とあるので道が新堺とされたのであろう。下部に描かれている川は鶴見川で、それに架かっているのが鎌倉下道が通る鶴見橋、その橋を渡ったところに集落がある。

そこから道に沿いつつ見てゆこう。「小池堂」と「子ノ神」が両側にあるが、これが現在の子生山《こいけさん》東福寺と八幡神社と見られる。さらにうねるように道を進むと、野畠や開山塔があり、やがて七曲旧池、野畠、泉池へと続く。この付近には池が散在し野畠が多くあるので、村人が溜池を造成して田を広げてきたのであろう。

この鶴見郷に隣接する寺尾郷では「馬水飲谷」に「今は田」という表示があり、この地は谷から流れる水を用水として開かれたものとわかる。谷ごとに「田」の表示が見え、「藤内堀籠《ほりごめ》」「次郎太郎入道堀籠」「五郎三郎堀籠」「性円堀籠」などの堀籠とあることから、谷の湧水が利用され、その開削者である村人の名が付されたのであろう。白幡宮とあるのは白幡神社と見られる。末吉領には多くの田が存在する中を溝が通っており、その背後に森に囲まれて正福寺《しょうふくじ》阿弥陀堂の堂舎があって、谷筋には「馬喰田」という田が存在する。ただ師岡についてはあまり情報が記されていない。

神社や寺院を中心にして郷村《ごうそん》が形成され、谷筋ごとに田が開かれていったことから、それを進めた村人の名が絵図に記されることになったのである。鶴見・寺尾・末吉では地域的違いがあって、それぞれに独自な村の広がりとともに、新たに領主が設定されたのである。しかし寺尾の小笠原長義や師岡の但馬次郎、末吉領の三島社東大夫などは遠方の領主であったから、郷村は農民たちの手に移っていたであろう。

演劇の空間

新たな芸能の動きもこの時代に目覚ましい。『建武式目』は「婆佐羅《ばさら》と号して専ら過差を好み、綾《りよう》羅《ら》錦《きん》繍《しゆう》・精好銀剣・風流服飾、目を驚かさざるはなし」と、華美なバサラの風俗や風潮と批判したが、バサラとは金剛石のことで、その光り輝く宝石のごとき芸能と行動とが広がっていたのである。

『太平記』巻三三の「武家富貴の事」には、武士が富貴を謳歌して身に錦繍をまとい、食は八珍を尽くし、都の佐々木導誉《どうよ》を始めとして大名たちが茶の会を開いて寄合い、異国・本朝の重宝を集め、百座の粧《よそおい》を競っている、と記している。栄西が伝えた茶を飲む習慣は鎌倉後期から急速に広がっており、金沢貞顕の書状に「唐物、茶のはやり候事、なをいよいよまさりて候」と唐物と茶の流行をあげていたが、茶の飲み当てを競う茶勝負としての闘茶が行われるようになっていた。

連歌も盛んで、連歌が鎌倉で盛んであった様は、『菟玖波集《つくばしゆう》』に載る性遵《しようしゆん》法師の歌の詞書に「元応二年春の比、鎌倉の花下にて一日一万句の連歌侍りけるに」とあり、元応二年（一三二〇）には一万句という大規模な会が鎌倉で開かれていたことがわかる。この花の下連歌は後鳥羽院の頃から流行し始めたもので、寄り合った人々が集団をなして歌を詠み続けたことから、寄合の文芸として広がりを見せるようになった。

演劇では舞を中心とした田楽の芸能が鎌倉末期から武家に好まれ、北条高時や足利尊氏などが愛好し、貞和五年（一三四九）六月には京の四条河原で大規模な勧進田楽が行われ、将軍尊氏や公家の二条良基らが見物するなか、その桟敷が大崩れし多数の死者が出た事件も起きている（『太平記』）。

この桟敷であるが、桟敷から舞台を見物する風景を描いているのが『一遍聖絵』である。鎌倉の西の片瀬に舞台を組み立てそこで踊念仏を行った一遍は、弘安七年（一二八四）に京で活動するようになって七条の市跡に舞台を設けて踊念仏を行った。その様子は市跡の広場に板屋の舞台で踊る念仏集団を牛車が取り囲んでおり、さらに桟敷が作られてそこから観客は飲食しながら眺めている。ぐるりと取り巻く桟敷は観覧席として作られたのであり、近くの堀川には材木が筏で浮かんでいるので、その材木が舞台や桟敷の建築に使われたのであろう。ここでの踊念仏はまさしく芸能興行となっており、後々の芸能興行へと続いていった。

この桟敷から見る演劇空間を場として成長を見たのが観阿弥・世阿弥の能の芸能であり、これもバサラの風潮とともに広がってゆき、後世に継承されていった。

V 村の成長と大名権力

港北区小机城址（1977年撮影） （公財）横浜市ふるさと歴史財団埋蔵文化財センター提供

十一　多様な型の形成

1　幕府と鎌倉府

室町の王権

足利義満が応安元年（一三六八）に将軍になると、ようやく南北朝の動乱は収束に向かったが、その戦乱を描く『太平記』が成立したのもこの頃であり、大陸では明《みん》王朝が生まれ東アジアの変動も鎮静化してきた。

永和四年（一三七八）に義満は室町に幕府御所の造営を始めたが、これが「花の御所」と名付けられたごとく、この時代には華やかな武家の王権によって文化的統合が進められていった。義満は御所に諸国から花を移植し、座敷に花を並べて七夕の花合わせを楽しんだが、六角堂の池坊の専慶へとつながる立花《たてはな》が始まるのがこの頃である。

朝廷の諸権限を次々と接収してゆき、太政大臣を経て出家すると、院政と同じような政治体制をしき、文化の上でも公家に代わって指導力を発揮した。永徳二年（一三八二）に義満が花の御所の東に創建した相国寺《しょうこくじ》は、後に義満が太政大臣（相国）になったことにちなみ、禅僧の義堂周信《ぎどうしゅうしん》によって「相国承天禅寺《しょうこくじょうてんぜんじ》」と命名され、五山の第一位、あるいは第二位とされた。

すでに鎌倉幕府は建長寺などの大寺院を建立し、五山制度を導入して鎌倉の主な禅刹を五山と呼ぶようになっていたが、室町幕府は正式に鎌倉・京都それぞれに五山を定めた。たびたび改定され、至徳三年（一三八六）に五山の上に南禅寺がおかれ、京五山として天龍寺・相国寺・建仁寺・東福寺・万寿寺の五寺が定められ、鎌倉五山として建長寺・円覚寺・寿福寺・浄智寺・浄妙寺が定められた。

相国寺内の鹿苑院《ろくおんいん》には五山の統轄機関となる鹿苑僧録が置かれ、規模といい、機能といい、相国寺は武家の宗教的権威を象徴するものとなった。義満が父義詮の三十三回忌に建てた境内の七重塔はまさに武家の王権を象徴するものとなった。白河院が建立した法勝寺の九重塔が南北朝時代に焼失して再建されないままになるなか、それに代わって相国寺の七重塔が王権を示威するモニュメントになったのである。

南北朝の対立は明徳三年（一三九二）に講和が成立し、公武統一政権が樹立されたが、応永四年（一三九七）に義満は北山の西園寺邸を譲り受けて北山殿《きたやまどの》を造営すると、同八年には「日本国王」を名乗って使者を明に派遣して明の冊封体制下に入り、勘合貿易を推進して大陸から膨大な唐物を輸入して王のコレクションとした。

唐物はその邸内の会所（天鏡閣）に「御物《ごもつ》」として飾られ、将軍側近の目利きで遁世者の同《どう》朋衆《ぼうしゅう》により管理され、武家の王権を荘厳《しょうごん》した（『君台観左右帳記《くんだいかんそうちょうき》』『御物御画目録《ごもつおんえもくろく》』）。同じ邸内に建てられた三層の舎利殿も、世に金閣と称されたように金箔が施されて王権の富を象徴し、王権を荘厳したのである。

こうした義満期の文化は金閣のあった北山にちなんで北山文化と称されるが、その北山文化の経済的な背景には、列島の各地で守護や国人《こくじん》・村落による独自な拠点が形成されたことや、各地の都市的な場において土倉や酒屋・禅僧などの富裕な有徳人の金融活動が盛んになったことがあげられる。

幕府は土倉や酒屋などの金融業者を掌握して、明徳四年（一三九三）に土倉・酒屋を幕府の財源とする法令を出している。応永三二、三三年（一四二五、六）に作成された酒屋名簿によれば、酒屋は北は一条から南は七条まで、西は大宮から東は東朱雀（鴨川の東の大路）までの洛中に満遍なく分布し、一条以北、河東、北野、嵯峨などの洛外にまで及んでいた。やがて起きた徳政一揆はこの金融業者を襲うことになった。

幕府が明や朝鮮との貿易を行うようになったのは一つに貿易の利を求めてのもので、その貿易港となった兵庫津《ひょうごのつ》・博多をはじめ日本列島の湊町は活気に満ちていた。伊勢の安濃津《あのうつ》（津市）

は応永三一年（一四二四）一二月の『室町殿伊勢参宮記』に「あのゝ津（安濃津）も近くなりぬるに、なぎさに松原のつづきたる所あり」と記され、「ゆききの船人の月に漕こえ」と句にも詠まれるような優良な湊であった。博多・安濃津とともに日本の三津《さんしん》として謡われた薩摩の坊津《ぼうのつ》は大陸や琉球貿易によって、また津軽の十三湊《とさみなと》は日本海・蝦夷地交易によって栄えた。

鎌倉府の体制

足利氏満は父基氏の跡を継承して鎌倉公方になると、関東管領の上杉憲顕の補佐を得て、応安元年（一三六八）に武蔵の平一揆《へいいっき》を鎮圧し、康暦元年（一三七九）に起きた幕府内の対立に乗じて、将軍義満の打倒を考えたこともあったが、管領の上杉憲春《のりはる》が死をもって諫めたので思いとどまったという。

その後は鎌倉府の体制強化に進んでゆき、応永五年（一三九八）に亡くなると、この氏満の跡を継いだ子満兼《みつかね》も、応永六年に周防の大内氏が六か国の守護となり勢力を増したのに呼応して、将軍義満の打倒に乗り出した。しかしここでも管領の上杉憲定《のりさだ》の諫言により思い直し戦闘にまではいたらなかったという。室町幕府でも細川・畠山・斯波《しば》の三管領家が勢力を広げており、鎌倉府との対立を含みながら、列島の経済的繁栄を謳歌していた。

こうしたなか管領の山内家の上杉憲定は伊豆・上野の守護となり、横浜地域の六浦本郷、神奈川郷、山内庄の岩瀬郷など多くの所領を得て大勢力を築くようになり、同族の犬懸《いぬかけ》上杉氏や扇谷《おうぎがやつ》上杉氏も関東一帯に勢力を広げていった。山内・犬懸・扇谷は鎌倉に邸宅が置かれた土地の名である。鎌倉府の御所は鎌倉と六浦を結ぶ朝比奈切通近くの浄妙寺辺に建てられ、由比浜近くでは町を母体として賑わい、鎌倉の外港である六浦の洲崎には町屋が生まれ、鎌倉府は二つの湊町の繁栄とともにあった。

永和四年（一三七八）に鎌倉公方の氏満は「神河・品河以下の浦々出入の船」に課した帆別《はんべつ》銭《せん》三〇〇文の三年分を円覚寺仏日庵《ぶつにちあん》の造営のために寄進しており、明徳三年（一三九二）からは両湊の帆別銭が五年間で三四〇貫文にも及んでいるが、それらは応永二年（一三九五）から始まる金沢称名寺の修造に当てられた。

神奈川湊や品川津に出入りする船は、遠くは伊勢の大湊とも頻繁に往来していたが、やがて伊豆の八丈島とも結ぶようになってゆく。神奈川湊や品川津では「宿屋《しゆくや》」が帆別銭の徴収の場とされ、神奈川湊では道阿弥《どうあみ》がその徴収に関わっていたが、阿弥号であることから時宗に帰依する、湊に成長した「有徳人」といえよう。

嘉吉元年（一四四一）一二月に、鶴岡八幡宮で法会を行うために寄進されていた「師岡保」の柴の関が安堵されているが、これは神奈川の通行人から関銭を徴収していたのであろう。宝徳二年（一四五〇）九月二一日には鶴岡八幡宮の御供料所《ごくりようしよ》である神奈川郷の青木村の買得地や船役、地下人の買得地が公方の足利成氏《しげうじ》の徳政により返却されている。

六浦と横浜

六浦でも永和二年（一三七六）に「六浦の得阿弥」という為替商人が称名寺の年貢納入に関わっており、応永二九年（一四二二）には称名寺の造営のために常福寺の門前に関が置かれ、通行料の関銭が一人二文、荷物一駄につき三文が徴収されていた。

この六浦の賑わいをよく示しているのが謡曲である。『放下僧《ほうかそう》』は六浦を人の多く集まる所と語り、『鵜飼《うかい》』は安房国の清澄寺《せいちょうじ》の僧が甲斐の身延《みのぶ》に詣でる際に「六浦の渡り、鎌倉の山」を通ったと語っている。六浦には禅宗の能仁寺《のうにんじ》、日蓮宗の上行寺《じょうこうじ》、真言宗の浄願寺、時宗の引越道場など仏教各派の寺院が競って進出し、湊町として賑わっていた。

このような湊町の繁栄の背景には村の成長があってのことだが、横浜の地名が見えるのがこの時期である。それは嘉吉二年（一四四二）に横浜村の薬師堂免田畠《めんでんぱた》が石河宝金剛院に寄進されたことを記す次の文書である（『宝生寺文書』一頁図版参照）。

寄進す　薬師堂

武州久良郡横浜村の薬師堂免田畠等の事、田大二百文、畠二百文、由緒に任せ正胤の儀に依り、永代を限り寄進する所也。然者《しからば》由緒に任すの上は、後世の代官是非の沙汰に及

ぶべからず候。仍《よつ》て執達件《くだん》の如《ごと》し

嘉吉弐年〈辛酉〉卯月廿六日

比留間範数《ひるまのりかず》（花押）

市河季氏《いちかわすえうじ》（花押）

石河宝金剛院

南区の宝生寺は、伝承によれば康暦二年（一三八〇）に覚尊によって開かれたといい、応永一六年（一四〇九）に京都の仁和寺《にんなじ》にあった宝金剛院の名を寺の院号に要請して許された寺院であって、久良岐郡平子郷を支配する平子氏との関係が深かった。そのため横浜村の薬師堂の田畠が平子氏から寄せられたのであろう。文書の差出人である比留間範数と市河季氏は平子氏の家人と考えられる。

『宝生寺文書』には他にも「平子郷内禅馬村」「平子郷根岸村」「石川村」などの村の名が見え、『鶴岡八幡宮文書』には「武州寺尾郷内渋沢村」が見えるなど、村の名がこの時期から文書に登場してくる。その村は、鶴岡八幡宮領の武蔵国矢古宇《やこう》郷（埼玉県草加市）の百姓が応永元年（一三九四）に、同佐々目郷（埼玉県戸田市）の百姓が応永二年に年貢減免の要求を領主に訴えて「強訴《ごうそ》」によって認めさせているなど、自立への動きを深めていった。

列島の各地では守護や国人・村落がそれぞれ独自な拠点を形成し、国人・地侍・村落がそれぞれに一揆の場を形成し、上部の権力に対抗していたのであり、連歌の芸能はこの国人や地侍の一揆の場で楽しまれた。中小の武士たちの国人一揆の結びつきにおいて連歌は大きな役割を果たしていた。今に残されている一揆契状は、上部権力との条項、住民との条項、内部の結束条項などからなり、一揆成員が平等で契約したことを表現するために連署形式をとっていたが、その一揆集団の結束をもたらすものとしてしばしば連歌会が催されていたのである。

世阿弥の能

義満の保護により発展をみたのが能である。猿楽は鎌倉時代の後半から、近江や大和で座が形成され発展してきたが、それを受けて大和結崎座《ゆうざきざ》の能役者の観阿弥が様々な芸能を取り入れて能の基礎を築くと、その後を受けて猿楽の能を中心に田楽や曲舞《くせまい》などの芸能を取り入れて、能を大成したのが長男の世阿弥である。

『風姿花伝』には「大和国春日御神事にあひしたがふ申楽《さるがく》四座」として、能の座には「外山《とび》、結崎、坂戸、円満井《えんまんい》」があり、ほかに近江の日吉《ひえ》社神事の申楽三座の「山科、下坂、比叡」、伊勢の咒師《じゆし》二座、法勝寺の修正申楽三座の「河内住の新座、丹波の本座、摂津の法成寺」があったという。この座は身分の低い芸能者による集団組織として成立したものであって、世阿弥はその能を芸術として高めていったのである。

応安七年（一三七四）に京の新熊野社《いまくまのしや》での観阿弥・世阿弥父子の猿楽の共演が足利義満に認

められて以後、将軍の保護のもとで能の芸が高められてゆき、世阿弥は応永七年（一四〇〇）に『風姿花伝』を著して実践的な演劇論を展開した。応永八年に義満は能役者の犬王《いぬおう》に自らの法名の道義の一字道を与えて道阿弥と称させ、観阿弥の子には観世の一字をあたえて世阿弥と称させており、能の家の継承を認めたのであった。

『風姿花伝』は序において能の淵源を語った後、この道に達する人への忠告を述べ、若年の時から見聞してきたことを記したもの、と記している。本文では第一に「年来の稽古条々」として、年齢階梯の次第を語り、第二の「物学ぶ条々」では、物真似をいかにすべきかの基本を語った後、女、老人、直面《ひためん》、物狂、法師、修羅、神、鬼、唐事それぞれに注意すべきポイントを記している。第三の「問答条々」は能を演じるにあたっての要点について、八箇条にわたって問答体で記している。そして最後に次のように語る。

およそ家を守り、芸を重んずるによて、亡父の申置し事どもを、心底にさしはさみて、大概を録する所、世のそしりを忘れて、道のすたれんことを思ふによりて、全く他人の才学に及ぼさんとにはあらず。ただ子孫の庭訓を残すのみなり。

風姿華伝条々　以上

于時応永七年〈庚申〉卯月十三日

従五位下左衛門大夫秦元清書

このように子孫に伝えようとして書いたものであって、父から継承した芸風を確立したことから、それを子孫に残すことを意図していたことがわかる。注目されるのは「形木《かたき》」こと型の重要性を指摘している点で、日本の古典芸能者が型の追求を重視するのはこの時代に始まることがわかる。

世阿弥は『風姿花伝』以後も『花鏡』や『至花道《しかどう》』など花に因んだ書名の著作を著し、能の理論を深めていったが、その能も村落の宮座でも広く楽しまれてゆくようになった。

2　型を求めた時代

町と職人

湊町が繁栄し、村が自立を始めたこの時代の動きをよく示しているのが『庭訓往来《ていきんおうらい》』である。往来物はこの一四世紀から一五世紀にかけて多く作られるようになったが、なかでも『庭訓往来』は正月から一二月までの往復書簡を通じて、季節に応じた知識を語っている。

その四月の書簡は市町の興行について「市町は辻子小路《ずしこうじ》を通し、見世棚《みせだな》を構へしめ、絹布の類ひ、贄菓子、売買の便り有るの様に相計らはるべき也」と記し、市町には小さな道を中に通し、道の両側に見世棚を構え、絹布や贄菓子などの売買の便があるように計らうのを良いとし、そこに招くべき職人を列挙している。

商工業者

○鍛冶、鋳物師、巧匠、番匠、木道《きのみち》、金銀銅の細工、紺掻《こうかき》（藍染）、染殿《そめどの》、綾織、蚕養《こがい》

○伯楽、牧士、炭焼、樵夫

○檜物師《ひものし》、轆轤師《ろくろし》、塗師、蒔画師、紙漉《かみすき》、唐紙師、笠張、蓑売

○廻船人、水主《かこ》、梶取《かんどり》、漁客、海人

○朱砂、白粉焼、櫛引、烏帽子織、商人、沽酒《さけうり》

○酢作り、弓矢細工、深草の土器《かわらけ》作り、葺主《ふきぬし》、壁塗

○猟師、狩人

芸能者

○猿楽、田楽、師子舞、傀儡子《かいらいし》、琵琶法師

○県御子《あがたみこ》、傾城、白拍子、遊女、夜発《やほつ》の輩

○医師、陰陽師、絵師、仏師、摺師、経師、縫物師

○武芸、相撲の族

○禅律の両僧、聖道浄土の碩学、顕教密宗の学生、修験の行者、効験の貴僧、智者、上人、紀典仙経の儒者、明法《みようぼう》　明経道《みようぎようどう》の学士
○詩歌の宗匠、管弦の上手、引声短声の声名師、一念多念の名僧
○検断所務の沙汰人《さたにん》、清書草案の手書、真字仮字の能書、梵字漢字の達者
○宏才利口の者、弁舌博覧の類い、尫給《おうぎゆう》、仲人

実に多様な職人をあげており、最後の「尫給、仲人」とは口の長《た》けた斡旋業者である。前代にこれら職人は表舞台に登場してきていたが、この時代になるとその組織化が進んで活動の場が指定され、定型化の道を歩んでいたことがわかる。

職人歌合もこの時代には絵巻に作成されるようになり（『七十一番職人歌合』）、市町をどう開催すべきかを記した『河原巻物』も作られるようになった。

型を求めた時代

四月の書簡に対する返事には、各地の職人の具体的な活動の場が記されている。

京の町人、浜の商人、鎌倉の誂物《あつらえもの》、宰府の交易、室兵庫《むろひようご》の船頭、淀河尻《よどがわじり》の刀禰《とね》、大津坂本の馬借、鳥羽白河の車借、泊々の借上、湊々の替銭《かわしせん》、浦々の問丸、割府を以て之を進上し、俶載《しゆくさい》に任せて之を運送す。

最初に「京の町人、浜の商人」とあって浜には具体的地名が入っていないが、これは浜が複数あったからであり、琵琶湖岸や淀川、瀬戸内海の浜、あるいは伊勢湾の阿濃津など京にやってくる浜の商人を京の町人と対照させたのである。

続いて「鎌倉の誂物、宰府の交易」とあるのは、鎌倉では周辺各地から誂物を得ており、大宰府では対外貿易により貿易品を得ていたことをいう。「泊々の借上、湊々の替銭、浦々の問丸」とは、六浦や神奈川などの湊の高利貸しや運送業者のことで、その取引には割府《さいふ》（小切手）が用いられていたのである。

さらに四月の書簡の返信は諸国の特産物をあげた後、次のように記している。

或は異国の唐物、高麗の珍物雲の如く霞の如し、交易売買の利潤は四条五条の辻に超過す、往来出入の貴賤は京都鎌倉の町に異ならず、

「異国の唐物、高麗の珍物」の溢れかえる様子について、京都の四条や五条での売買の利潤を越えており、京都や鎌倉の町に出入りする人々と同じであると記しているが、これは博多の町や若狭国小浜《おばま》などの国際都市のことを考えてのものであろう。

このほか『庭訓往来』は、正月では新年の小弓や笠懸などの遊宴について語るほか、二月では和歌、連歌・漢詩の会、三月では所領の経営と勧農、館の造作、五月では客人をもてなすための家財や家具、調度、六月では盗賊討伐への出陣の用意のための武具乗馬の借用、出陣の命

令系統や心得など、七月では勝負のための衣装や物具、八月では訴訟の制度、手続き、組織とその職掌、もう一つの八月の書簡では将軍家若宮参詣の行列を語る。

さらに九月では仏事・法会の式次第、役僧、舞童《まいわらわ》、諸道具、一〇月では寺家の諸役、僧位僧官の名、一一月では病気の種類と治療法、予防・健康保持のための禁忌、一二月では任国赴任、行政管理の模様などを語っており、政治・経済・宗教・文化など広い領域にわたる知識を満載し、その定型化の進んでいたことが知られる。

こうしたことから、『庭訓往来』は江戸時代の手習所（寺子屋）のテキストとして出版され、後世の庶民文化に大きな影響を与えた。三月や六月の書簡からは武家の所領・館や経営、裁判制度が記されていて、武家の制度も定型化されていたことがよくうかがえるが、実際、この時代には室町幕府の年中行事や儀礼が整えられ、鎌倉公方の成氏も幕府に倣って鎌倉府の年中行事を整えている。伊勢流や小笠原流などの武家の故実の型もこの時期に整えられたのである。

将軍と鎌倉公方

朝廷の権限を吸収して強力な権力を築いた義満であったが、応永一五年（一四〇八）に亡くなって子の義持が跡を継いだ。義満の生存時には父子関係がよくなく、九歳で将軍職を譲られていても実権はなく、後小松天皇の北山殿への御成《おなり》では、義満は寵愛していた異母弟である義《よし》嗣《つぐ》を天皇に謁見させたのに、義持にはその機会があたえられなかった。

それだけに義満の死後を襲った義持は義満の政治を改めていった。翌年には二代将軍足利義詮の住んでいた三条坊門邸に移って、北山殿は金閣をのぞいて取り壊し、義満への太上天皇の追号を辞退し、応永一八年（一四一一）には朝貢形式をとる日明貿易（勘合貿易）を停止するなど、公武一統型の政治路線からを武家政権の路線へと変更してゆく。

しかしこれにともなって南朝最後の天皇であった後亀山上皇が応永一七年には吉野に出奔し、これに呼応した北畠満雅が称光天皇即位を不服として南北朝の天皇が交替で皇位につく約束を守るように要求する反乱を起こした。

さらに応永二三年（一四一六）に関東地方で上杉禅秀《ぜんしゅう》が乱を起こすと、これに関与していたとして弟の義嗣を相国寺に幽閉し殺害している。この事件は前関東管領の上杉氏憲《うじのり》（禅秀）が関東の武士の支援を得て、鎌倉公方の持氏に背いたもので、一旦持氏は鎌倉から追われたが、幕府の支援を得て鎮圧して終わった。このように将軍も鎌倉公方も決してその地位は安泰ではなかった。

義持は義満が後継者と目していた義嗣を退けて地位を確保しただけに後継者問題には慎重に臨んだ。応永三〇年（一四二三）に子の義量《よしかず》に将軍職を譲ると、翌年に等持院《とうじいん》で出家し相続を図ったのだが、期待の義量が早世してしまい、ついに後継者を指名することを拒んで亡くなった。この二代続いた将軍の後継者問題の失敗の影響は大きく、以後、幕府の政治はこの問題で常に不安定な状況に陥っている。

次の将軍となったのは義教《よしのり》であるが、管領の畠山満家《みついえ》の提案で、石清水八幡宮で行われたくじ引きによって将軍に選ばれるという異例な措置がとられたのである。なお将軍だけではなく、守護大名家でも後継者問題で揺れており、天皇家においても同様であった。家の内部に家臣を始めとする様々な権力が介入するようになり、家の主人の意思が通らなくなっていた。

それだけにくじ引きで将軍に選ばれた義教はすぐに将軍となるのを承諾せず、就任の際には斯波氏、畠山氏、細川氏から「将軍を抜きに勝手なことをしない」という証文を提出させた。しかしひとたび将軍になると、「一天下の土民蜂起す」という代替わりを狙って借金棒引きの徳政を行うように求める徳政一揆に見舞われる中で将軍となったこともあって、権力の強化を急いだ。

強権を発揮して幕府権威の回復と将軍親政の復活に力を注ぎ、称光天皇死後の皇位継承問題に介入し、醍醐寺の三宝院満済《さんぽういんまんさい》を政治顧問となし、儀礼の形式や訴訟手続きを整え、奉行人の意見を用いて政治を行い、中断していた勘合貿易を再開させた。将軍直轄の軍事力である奉公衆を整備し、比叡山の勢力を取り込んで山門使節《さんもんしせつ》を指名し、ここを通じて山門を統制するようになり、守護勢力にも圧迫を加えた。

鎌倉府の動揺と幕府

鎌倉府でも公方の持氏が将軍に対抗して専制化を強めてゆき、自立の望みをもったことからその動きに危機感を抱いた管領上杉憲実《のりざね》が持氏を諫めたが、聞き入れられず、逆に永享一〇年（一四三八）に討伐軍が向けられたため、憲実を支持した将軍義教が持氏を討ち（永享の乱）、実子を鎌倉公方として下向させようとした。

これに対し結城氏朝《ゆうきうじとも》などの関東の武士が永享一二年（一四四〇）に持氏の遺児春王丸《はるおうまる》・安王丸《やすおうまる》を奉じて挙兵し（結城合戦）、それが失敗したことによって関東では幕府と連携する関東管領の上杉氏が支配を固め、憲実は教育機関として足利学校を創設したのであった。

いっぽう京都では、将軍の政治が「万人恐怖」と呼ばれ専制化が著しかったことから、永享一三年（一四四一）に義教が管領家の畠山家の家督を畠山持国から畠山持永に委譲させたのを見て、危機感を抱いた播磨守護の赤松満祐《みつすけ》・赤松教康《のりやす》父子が、義教謀殺を計画した。同年六月二四日、結城合戦の戦勝祝宴を名目に義教を自邸に招くと宴の最中に暗殺したのである（嘉吉《かきつ》の変）。

このため幕府は鎌倉府の再興を願い出た関東地方の武士団の要求に応えるようになり、持氏の子永寿丸（足利成氏《しげうじ》）を公方に立てることを認め、鎌倉府が再興された。しかし成氏が結城氏や里見・小田氏を重用して上杉氏を遠ざけ始めたため、憲実の子憲忠《のりただ》が反発し、山内上杉家の家宰・長尾景仲《かげなか》や扇谷上杉家の家宰・太田資清《すけきよ》（道灌《どうかん》の父）が結城氏らの進出を阻止しようと、宝徳二年（一四五〇）に成氏を攻めた（江の島合戦）。

この合戦はほどなく終わって和議が成立したが、成氏が長尾景仲方の武士の所領を没収したことから、成氏と憲忠家臣との対立が深まり、享徳三年（一四五四）一二月、景仲が下野国に赴いた留守を狙って、成氏が憲忠を屋敷に招いて殺害し、里見・武田氏らの成氏側近が山内上杉邸を襲撃する享徳の乱が勃発し、これが長い関東の大乱への幕開けとなったのである。

成氏は山内・扇谷の上杉方を武蔵の分倍河原の戦いで破り、彼らが逃げ込んだ常陸の小栗《おぐり》城《じょう》も落し宇都宮氏を降すなど、各地を転戦した。その留守中に成氏征討の要請を受けていた幕府が、駿河守護今川範忠《のりただ》に出陣を命じ、範忠が鎌倉を占拠したことから、成氏は下総国古河に逃れて、以後、古河を本拠として古河公方《こがくぼう》と呼ばれた。

長禄元年（一四五八）に将軍義政は弟政知《まさとも》を鎌倉公方として関東に送ったものの、関東の武士たちの支持や協力が得られず、鎌倉には入ることができないで、伊豆の堀《ほり》越公方《ごえくぼう》と称された。こうして戦乱は各地に広がり、康正二年（一四五六）に武蔵国に入って成氏と交戦した扇谷上杉房顕《ふさあき》は、長禄三年（一四五九）の戦いに大敗を喫し、両陣営は五十子《いらこ》を挟み長期にわたって戦闘状態に入るなか（五十子の戦い）、房顕は病に倒れて亡くなった。

十二　下剋上と戦国大名

1　戦国乱世の始まりと太田道灌

関東の戦乱

足利将軍家の後継者争いに端を発し、管領の畠山家の分裂、管領家の細川勝元と侍所《さむらいどころ》四職《ししき》家《け》の山名宗全《やまなそうぜん》との対立などが重なって、応仁元年（一四六七）から東西両軍に分かれ一〇年近くも争われたのが応仁・文明の乱であるが、その頃の関東ではほぼ利根川を挟んで東北部を古河公方成氏が、西南部を関東管領の上杉氏が支配領域となし睨みあっていた。

しかしその支配はともに万全でなく、支配下の武士たちは事あれば反旗を翻すような存在であり、しかも隣接する伊豆国では堀越公方が関東の支配権を主張し、駿河の今川氏や甲斐の武田氏なども関東への領域拡大を虎視眈々と狙っていた。

この時期、横浜市域に支配を及ぼしていたのは、山内上杉氏の家臣の長尾忠景《ただかげ》と扇谷上杉氏家宰の太田道灌である。忠景の動きは小机の年貢について成田三河入道が損亡を理由に訴えたのを棄却していることや、その夫人が「神奈川上様」と称されていたことから知られ（「雲頂庵文書」）、道灌については文明三年（一四七一）にその行為について山内上杉氏の家宰長尾景《かげ》信《のぶ》が次の書状を出していることからわかる（「報国寺文書」）。

当寺領の那瀬村に太田左衛門大夫違乱候哉。曲事《くせごと》に候。当在陣の間ばかり、夫丸一人借用申すべく候ひ畢《おわ》んぬ。土貢《とこう》に至りては相違有るべく候か、仰せ立てらるべく候。恐々謹言。

六月十六日　　左衛門尉　景信

謹上　報国寺

V・1　太田道灌像　大慈寺　普済寺保管
川越市立博物館提供

鎌倉郡の報国寺領那瀬村（戸塚区名瀬町）に、太田左衛門大夫（道灌）から在陣のための夫丸（人夫役）の徴発がなされていたことがわかる。応仁の乱の京では正規の軍兵でない足軽が登場して「下克上の至り」を人々に嘆かせたが、関東でも村を巻き込んだ争いが生じていたことがわかる。

文明五年（一四七三）に山内上杉家家宰の長尾景信が死去し、その跡を子景春が継いだが、主家の山内顕定《あきさだ》が家宰職に景信弟の忠景を任じたので、景春が恨みを抱くようになって新たな火種が生じた。これについて道灌は関東管領の山内顕定に意見をしたが、受け入れられなかったという。

文明八年（一四七六）二月、駿河守護の今川義忠が遠江国で討死し、その家督をめぐる内紛がおきたことから、道灌が駿河に出向いていた六月、ついに景春が武蔵の鉢形城《はちがたじょう》(埼玉県寄居《よりい》町)に拠って古河公方成氏と結んで挙兵した（長尾景春の乱）。

翌年正月に景春が五十子の陣を急襲して山内顕定・扇谷定正を破ったことから、景春に味方する武士が続出し、石神井城（東京都練馬区）の豊島泰経《やすつね》も呼応した。急ぎこれに兵を向けたのが江戸城を本拠としていた道灌であって、景春方の溝呂木城《みぞろぎじょう》（厚木市）や小磯城（大磯町）を攻略し、四月には豊島泰経の拠る石神井城を落し、五月には鉢形城を囲んだ。そこに古河公方成氏が出陣してきたため撤退することになり、豊島泰経が丸子城（川崎市）に拠り、矢野《やの》兵庫《ひょうご》の武蔵小机城（港北区）と連絡をとって道灌に対抗する姿勢を示した。

小机城と太田道灌

道灌は江戸城を経て丸子城を正月に落とし、小机城の攻撃にかかる。文明一〇年（一四七八）の古河公方成氏の書状に「下武蔵の事は、御方の者共、小机要害え馳せ籠り候」とあるのが小机城の初見である（「小山氏文書」）。道灌はこの小机城を攻めるにあたって久良岐郡平子郷に次の禁制を出している。

禁制
武州久良木郡平子郷、石川談義所に於いて、当手軍勢の濫妨狼藉《らんぼうろうぜき》の事、
右、違犯の輩有らば、罪科に処せらざるべきの状、件の如し。
文明十年二月　日
沙弥（花押）

談義所とは僧侶たちの学問所のことで、そこへの軍兵の濫妨狼藉を禁じたものだが、これは裏返せば他地域では濫妨狼藉がしばしば行われていたことを意味し、村には陣夫の徴発がなされていたのであった。道灌はその四月一〇日に宝生寺の僧から戦陣での祈祷を行ったことを記す巻数《かんじゅ》と芋とを送られたことに感謝する書状を出している（「宝生寺文書」）

道灌は小机城を攻略するにあたり、鶴見川の対岸に城を築くと、二月に攻め始めて四月一〇日に猛攻の末に落としている。『太田家記』によると、城の守りが堅固な上に攻め手が小勢のため包囲は数十日に及んだので、道灌は「小机は先ず手習いのはじめにて、いろはにほへとち

りぢりになる」という戯れ歌をつくって兵の士気を鼓舞したというが、そのままには受け取れそうにない。

現状の小机城跡は三つの郭《くるわ》（曲輪）から構成され、最も東の郭が自然地形に逆らっていないので初期のものであって、この時の郭と見られ、その後に入ってきた北条氏によりさらに西郭などが増築されていったのであろう（二一一頁写真参照）。

戦乱の広がるこの時期に特に発展を遂げたのが城郭である。長禄元年（一四五七）に道灌が築城した江戸城と川越城について、『松陰私語』は「江戸・川越両城堅固なり。かの城は道真・道灌父子、上田・三戸・荻野谷、関東巧者の面々、数年秘曲を尽くし相構え」と記しており、堅固な城であったという。川越城（埼玉県川越市）は古河公方の勢力に対抗する目的から上杉持朝《もちとも》の命で築かれていた。長尾景春が拠点としていた寄居の鉢形城は北を荒川が蛇行し河岸段丘を削る断崖をなす要害の地であった。

小机城の近くにある茅ヶ崎城（都筑区）もこの時期に築かれ、鶴見川の支流の早渕川南岸の台地上に空堀や土塁によって区画された郭が西・中・北・東・東下・東北に六つもあり、中世城郭の姿をよく留めている。文献には見えないが、南麓には城主と家臣の屋敷を意味する根小屋の地名がある。一五世紀後半が最盛期と見られ、あるいは道灌も関係していたかもしれない。

道灌は各地を転戦し勝利を重ねて景春方の諸城を落とし、文明一〇年一二月には和議に反対する公方の有力武将である千葉孝胤《のりただ》を破り、翌年には甥の太田資忠《すけただ》を下総に出兵させて反対派を鎮圧、抵抗を続けていた長尾景春も文明一二年（一四八〇）六月に、最後の拠点の日野城（埼玉県秩父市）が落とされて没落、文明一四年（一四八三）に幕府と成氏との和睦、成氏と両上杉家との間の和議が成立し、ここに享徳の乱は終わった（「都鄙合体《とひがったい》」）。

道灌の名声と死

道灌の活躍によって扇谷上杉家の勢力は広がり、道灌の声望が高まった。文明一七年（一四八五）、京都相国寺の禅僧万里集九《ばんりしゅうく》が美濃の鵜沼《うぬま》を出て、関東に赴いて道灌と親交を重ねている。道灌の名声を聞いて訪ねてきたものであろう。九月二九日に足柄山を越えて相模に入り、一〇月一日に藤沢の道場である遊行寺に遊んで武蔵に入った。その著『梅花無尽蔵《ばいかむじんぞう》』を見よう。

○武蔵に入る。同日、山有り。権現堂と曰ふ。即ち相武両道の界。古に云く、群盗の聚《あつま》る所なり。今は則ち然らずなり。けだし昔は堂あらんか。
○昼島を望む。昼或いは江に作る。同日、日ごろ三処弁才天の一なり。世戸井に宿す。
○神奈河　世戸井を出て江戸に赴く。途中、老松屈槃《くつはん》有り。その形龍の如し、そこを鵜の森と号す。

神奈の民廠《みんてん》、板屋連なる、深泥、馬を没して、打てどもすすみ難し。鵜の森に春動き、
臥松老ゆ。未だ飛龍九五の乾に入らず。

武蔵と相模の境とあるのは六浦への道を進んだものとみられ、群盗が集まる権現堂とは六浦の権現山の堂（熊野権現堂）であろう。弁財天は江の島のそれとも六浦のそれともとれるが、これを拝んで世戸井（瀬戸神社）に泊まったものと考えられる。

ついでそこを発って神奈川にまで来たところ、老松に感慨を覚え、神奈川の道に難儀したことなどを詩に作り、やがて品川を経て江戸城へと赴いた。

○品河　同日　五十町を隔てて江戸城有り。法華宗多し。

○江戸城　同日　三五騎の鞍有りて余を迎ふ。又僧俗数輩来る

○静勝軒の晩眺《ばんちょう》　三日　太田道灌の亭、静勝と曰ふ。余を迎へて晩に燕《えん》す。

一々、細く佳境をならべて看るに、隅田の河外、筑波の山、窓に入るの富士、いふに堪へず。潮気、舟を吹いて旅顔を慰《なぐさ》む。

道灌の江戸城にある静勝軒に赴いて道灌と交遊を深めた。ここからの眺望は東に筑波山、西に富士山がある絶景であり、隅田川が近くを流れ、東京湾の潮風が洗われて旅の想いを慰めてくれたという。江戸城は長禄元年に築城されたと伝えられている（『徳川実紀』）。

だがその頃、道灌が仕えていた上杉定正は道灌を警戒するようになっており、翌文明一八年

（一四八六）七月二六日に糟屋館《かすやのやかた》（伊勢原市）に道灌を招いて殺害に及んでいる。『上杉定正消息』によれば、道灌が家政を独占したために家中に不満が起き、道灌が山内顕定に謀反を企てたために討ち果たしたという。道灌に主君を軽んじる風があると思ったのであろう。

その年六月、三井寺《みいでら》聖護院の道興准后《どうこうじゆごう》が京から北陸道を経て関東に入ったが、道灌が暗殺された直後のためか、房総半島を経て一度は鎌倉に着いたものの、そのまま日光に赴き、それから再び鎌倉を目指し、一〇月に浅草から多摩川を渡り駒林（港北区日吉本町）に出た。

駒林といへる所にいたりて宿をかり侍るに、あさましげなる賎のふせやに落葉所をせき侍るを、ちとはきなどし侍りける間、たたずみて思ひつづけける。

つながれぬ月日しられて冬きぬと　又はをかふる駒林かな

新羽を立てかまくらにいたる道すがら、様々の名所どもくはしくしるすにをよび侍らず。

かたびらの宿といへる所にて、

いつ来てか旅の衣をかへてまし　風うらさむきかたひらの里

このように駒林・新羽《にっぱ》（港北区新羽町）・帷子《かたびら》（保土ケ谷区帷子川）を経て、岩井の原（保土ケ谷区岩井町）、もちゐ坂、すりこばち坂、はなれ山という変わった名の地に興味を抱きつつ、横浜市域を経て鎌倉に赴き、鎌倉遊覧の後には金沢称名寺に遊んでいる。

早雲の登場

道灌暗殺によって扇谷上杉家に属する武士の多くが山内家に走ったため、扇谷定正は苦境に陥り、翌長享元年（一四八七）には山内顕定との良好な関係も決裂し、両上杉家は抗争を繰り広げることになった（長享の乱）。そこに登場してきたのが伊勢盛時《いせもりとき》（宗瑞《そうずい》・早雲《そううん》）である。

幕府政所執事の伊勢氏出身の伊勢盛時は、駿河の今川義忠の夫人北川殿の兄弟として駿河に下り、義忠の死後に義忠の子氏親《うじちか》を助けて今川家の当主に据えたことから、その功によって駿河の東に興国寺城を与えられ勢力を広げた。延徳三年（一四九一）には、亡くなった伊豆の堀越公方政知の跡を継いだ子の茶々丸を急襲し、伊豆国から追い払い明応二年（一四九三）に伊豆を占領したのである。

実はこの動きは幕府の政争と関連していた。細川勝元の跡を継いだ政元は管領になると、将軍義政・義尚《よしひさ》父子の死後に将軍となった義稙《よしたね》を廃し、天龍寺に入っていた政知のもう一人の子を将軍に据えようと動いていたことから、盛時はその動きに沿って茶々丸を追い落とし、政元は明応三年（一四九四）にクーデターを実行に移して将軍に義高を据えたのである。応仁の乱に続く「下克上」を象徴する事件となった。

伊勢盛時は目を関東に向け、その年、扇谷定正からの援軍依頼があったのを機に、荒川で関東管領の山内顕定の軍と対峙したが、そこで定正が落馬し死去したため兵を返している。やがて出家して伊勢宗瑞（早雲）と称し、明応四年（一四九五）あるいはその翌五年に相模に進出し、鎌倉公方の奉公衆である大森藤頼《ふじより》の小田原城を奪い取って、本格的な関東南部の制圧へと動いていった。

V・2　北条早雲画像　岡山県井原市・法泉寺蔵

文亀元年（一五〇一）三月二八日に小田原城下の伊豆山神社領有の上千葉の地と自領の伊豆の村とを交換しており、永正元年（一五〇四）九月に相模の江の島に「当手の軍勢甲乙人等、乱妨狼藉の事、堅く停止せしめ了ぬ。もし違犯の族有らば、速に罪科に処すべき者なり」という禁制を出している（「岩本院文書」）。かつて道灌が平子郷に出したのと同様な内容である。

同年（一五〇四）の武蔵立河原《たちかわのはら》の戦いで、早雲は扇谷定正の跡を継いだ朝良《ともよし》に味方して山内顕定に勝利すると、顕定は弟の越後守護上杉房能《ふさよし》と守護代長尾能景《よしかげ》の来援を得て反撃に出て、翌永正二年（一五〇五）に朝良を河越城に追い込んだことから朝良が降伏し、ここに至って早雲は山内・扇谷の両上杉家とも戦うところとなった。

2　戦国大名北条氏の領国支配

寅年の画期

永正三年(一五〇六)に早雲は相模で初めて検地を実施した。これが戦国大名の出発点となった。国づくりは国の実情把握から始まるのである。小田原周辺で指出検地《さしだしけんち》(在地の武士に土地の面積・年貢量を申告させる検地)を実施したもので、戦国大名による検地としては最初の事例である。この寅年の検地に始まり以後の伊勢氏(北条氏)の戦国大名としての動きは寅年を画期として行われているので、寅年の動きに注目してみてゆこう。

翌永正四年、越後守護上杉房能が守護代長尾為景《ためかげ》(上杉謙信の父)に殺される事件が起きたことにより、永正六年(一五〇九)七月に山内顕定が大軍を率いて越後へ出陣すると、早雲はこの隙をついて、扇谷朝良の本拠である江戸城に迫った。朝良は兵を返し翌年まで早雲と武蔵・相模で戦ったが、こうしたなかで神奈川湊にある権現山城《ごんげんやまじょう》で戦いが起きた。

早雲が権現山城に拠る上田政盛を扇谷家から離反させて攻勢をかけたことから、同年七月に山内家の援軍を得た扇谷家が反撃に出た。その様子を『北条記』は次のように記す。

十一日ヨリ廿日迄昼夜廿日セメラレテ、其上出城ノ本學寺山ヲトラレケレバ、不叶ヤ思ヒケン城ニ火ヲ懸《かけ》、同廿日夜中ニ上田ヲ初メ不知行方落ケレバ、皆悉ク敗北ス。

九日間の攻防の末、本覚寺山を取られ、城を焼きついに敗北したという。後世に著された『神奈川砂子』には、上杉方の成田下総守が城中になだれこむと、神奈川住人の間宮彦四郎が奮戦し、「獅子の怒れる如く」戦ったが、それも空しく権現山城は落城するところとなったという。

この要害は南北朝期の観応三年（一三五二）閏二月一五日に新田義貞の遺児義宗が蜂起した際、足利尊氏勢の籠もった「武州狩野河《かのがわ》之城」を一八日に攻め落としたとあり（『園太暦《えんたいりやく》』）、早くからの要衝の地に築かれていたものとわかる。城は神奈川湊近くの滝野川と帷子川に挟まれた高台（幸ケ谷公園）という、湊や宿を支配する絶好の場に築かれた。

権現山の戦いの後、相模の守護である三浦義同《よしあつ》（道寸《どうすん》）が早雲方の住吉要害（平塚市）を攻略し小田原城まで迫ったので、早雲は扇谷家と和睦して、義同の本拠とする相模国中央の岡崎城（伊勢原・平塚市）の攻略にかかり、永正九年（一五一二）八月に岡崎城を攻略、義同が逃げ込んだ住吉城（逗子市）をも落とし、鎌倉に入って相模の支配権をほぼ掌握した。さらに三浦氏攻略のために同年一〇月に鎌倉の北に玉縄城（鎌倉市）を築いた。その一二月に久良岐郡本牧四ヶ村に次の制札を出している（「歴代古案」）。

一　当方家来の者、諸事もし申す者有らば、この制札を見せられ、横合の義申す者を、こなたへ同道あるべし。

一　諸奉公の事、直ニ申し合わすべし。かりそめにも他所より申す者ニ、その使をこなたに同道有るべき者なり。よって件の如し。

永正九年十二月六日

伊勢氏の家来や奉公の者について定めたもので、横合（言いがかり）をつけることがないように指示しており、支配領域が武蔵の久良岐郡にまで広がっていたことがわかる。早雲は相模のうち足柄上下郡を西郡、相模川以西を中郡、以東を東郡となして、玉縄城をその東郡の拠点として支配地域を久良岐郡まで広げていった。

残る相模の三浦郡については永正一三年（一五一六）七月、扇谷朝興《ともおき》が三浦氏救援のため玉縄城に攻めてきたのを退け、三浦義同・義意《よしおき》父子の籠もる三崎城を攻めてついに三浦氏を滅ぼし相模全域を平定したのであった。

早雲は『早雲寺殿廿一箇条』を書き残し、仏神を信じ、早寝早起きをし、読書や歌学、乗馬に励み、文武を兼ね備えるようにといった日常生活の作法を細々と記した家法を定めたとされるが、これを早雲が定めたという確証はない。

虎の印判状

次の寅年の永正一五年（一五一八）、早雲は家督を嫡男氏綱《うじつな》に譲ったが、この年から伊勢（後北条）氏は虎の印判状を用いるようになった。印鑑による文書行政が行われるようになったものであって、すなわち寅年の第二の画期にあたる。虎の印判状は虎の図案の下に「禄寿応穏《ろくじゆおうおん》」の字を配した朱印を捺した文書のことである。

永正十五年〈戊寅〉九月仰せ出ださるゝ御法の事

一、竹木等の御用の事は、その多少を定め、御印判を以て、郡代へ仰せ出だされば、郡代より地下へ申し付くべし。

二、臨時御用の時は、御印判を以て、代官より申し付くべし。

三、美物などの事は、毎日の御菜御年貢のほかは、御印判に員数をのせられ、代物を以て召さるべし。

四、人足の事、年中定めの大普請のほかは、もし御用あらば、この御印判を以て仰せ出ださるべし。

右、この虎の御印判に代官の判形を添へ、少事をも仰せ出さるべし。虎の御印判なくば、郡代同じく代官の判形有りと雖《いへど》も用ふべからず。この上に於いてはうびを申し懸くる者あらば、交名をしるし庭中に申すべき者なり。よって件の如し。

永正十五年〈戊寅〉十月八日
木負御百姓中
代官　山角
伊東

伊豆国田方郡《たがたぐん》の木負《きしょう》に出された虎の印判状であるが（「木負大川文書」）、同様なものを各地の村々に出していった。これによれば印判状のない課役の徴収命令を無効とし、郡代・代官による百姓・職人への違法な命令を停止しており、そのことを百姓に直接に宛てて示している。守護が直接に百姓に文書を発給したことはなく、またこれまでは花押が文書に使用されていただけに画期的な性格を有していた。この印判状の出現によって大量の文書発給が可能となり、戦国大名による村落・百姓への直接支配が進んだ。

翌永正一六年（一五一九）に早雲が死去し、跡を継いだ子の氏綱はその二年後に早雲の菩提を弔う早雲寺（箱根町）を創建するとともに、本拠を伊豆の韮山城《にらやまじょう》から相模の小田原城に移し、家督相続に伴う代替わり検地を実施して、所領の安堵状を発給している。

氏綱の関東経略

氏綱は相模一宮の寒川神社の宝殿や相模国府の六所宮《ろくしょぐう》、鎌倉将軍が二所詣を行っていた箱根三所大権現と伊豆山権現の再建などの寺社造営事業を進めていった。大永三年（一五二三）六月一二日の箱根神社の棟札《むなふだ》には「相州故太守早雲寺殿」「（相州）太守伊勢平氏綱」とあって、相模の支配者であることが謳われている。

その六月から半年の間に名字も伊勢から、鎌倉幕府を担い伊豆に本拠地を置いた北条（後北条氏）に改め、数年後には朝廷から左京大夫に任じられている。こうして大永三年（一五二三）までの間に武蔵国西部・南部の国人を服属させていったことから、危機感を抱いた扇谷上杉朝興が山内上杉家と和睦して北条氏との対決にあたるようになったが、氏綱は大永四年正月に武蔵に攻め込んで扇谷勢を破り、さらに江戸城をも攻略した。

これに扇谷朝興は山内憲房の支援を受けて態勢を立て直し、古河公方足利高基《たかもと》と和睦し、甲斐守護武田信虎とも結んで、北条氏包囲網を形成して反撃を開始し、武蔵の諸城を奪い返して相模の玉縄城へと迫った。それに呼応した房総半島の里見の軍勢が大永六年（一五二六）に鎌倉を襲撃したので鶴岡八幡宮が焼失している。

その翌年に氏綱が横浜市域に出した判物《はんもの》を見よう。

松岡殿御料の前岡郷の事、諸公事免許せしむる者なり。但し陣夫の事、先々の如く参入せば出すべき者なり。よって件の如し。

大永七年〈丁亥〉八月十二日　　（花押）【氏綱】

前岡郷百姓中

判物とは大名が判（花押）を据えて特権などを与える文書であって（「東慶寺文書」）、この判物は「松岡殿」こと鎌倉の松岡山《しょうこうざん》東慶寺の住職旭山法暘《きょくざんほうよう》に前岡郷（戸塚区舞岡）の公事免除を伝えているが、宛所が「百姓中」となっている所に横浜市域での郷村の成長がうかがえる。

また小机城には早雲古参の家臣笠原信為《のぶため》がいて、享禄二年（一五二九）に早雲の菩提を弔うために城下の曹洞宗寺院雲松院の熊野堂に五貫文の土地を寄進している。この雲松院には笠原氏歴代の墓が存在している。

関東の盟主へ

享禄三年（一五三〇）、氏綱の嫡男氏康は扇谷朝興方の軍勢と多摩川河原の小沢原《おざわがはら》で戦って大勝したが、この年が第三の寅年である。その翌年に朝興に岩付城《いわつきじょう》（さいたま市）を奪回されるが、氏綱から氏康への継承に向けて新たな動きがはじまった。

鎌倉鶴岡八幡宮の造営事業を天文元年（一五三二）から始めると、これにあたって玉縄城の城主に三男の為昌《ためまさ》を据え、若い為昌の後見役である大道寺盛昌や笠原信為らを造営奉行となし、鎌倉の番匠のほかに奈良興福寺や玉縄・伊豆の番匠などをも呼び寄せて工事を着手した。関東の諸領主にも奉加を求めていったが、両上杉氏は拒否したという。

弘明寺には天文二年（一五三三）に虎印判状によって寺領一三貫七〇〇文の用途を定めるなど、都筑・橘樹・久良岐郡に北条氏の勢力は着実に支配を伸ばした。その年に里見《さとみ》義豊《よしとよ》が叔父実堯《さねたか》と正木時綱を粛清したことから、北条包囲網から里見氏が脱落し、天文六年（一五三七）には朝興が死去し、若年の朝定《ともさだ》が跡を継いだ。

そこで氏綱は武蔵に出陣して扇谷上杉家の本拠河越城を陥れて為昌を城代に据えると、天文七年（一五三八）には葛西城を攻略して房総進出への足がかりを築き、その一〇月七日に古河公方から分かれた小弓《おゆみ》公方《くぼう》・足利義明と安房の里見義堯《よしたか》の連合軍を破って、小弓公方を滅ぼし、武蔵南部から下総にかけて勢力を拡大した。

古河公方の足利晴氏はこの合戦の勝利を賞して氏綱を関東管領に補任したという（『伊佐早文書』）。将軍足利義晴からは鷹や馬が送られて支援が求められ、翌天文八年には娘（芳春院）が晴氏に嫁いで古河公方と縁戚となり、足利氏「御一家」の身分が与えられた。

天文九年（一五四〇）に鶴岡八幡宮上宮の正殿が完成したので、氏綱ら北条一門臨席のもとで盛大な落慶式が催された。この事業は氏綱の没後、氏康によって天文一三年（一五四四）に完成をみることになるが、鶴岡八幡宮の再興事業を成し遂げたことで名実ともに関東の盟主となったのである。

北条氏は氏綱の時代に伊豆・相模に加えて、武蔵半国と下総の一部そして駿河半国を領国とし、各地に支城を整備した。小田原城を本城として伊豆国の韮山城（伊豆の国市）、相模国の玉縄城と三崎城（新井城）、武蔵国の小机城、江戸城、河越城を支城として整備、領域支配の拠点となし、重臣・一門らを配置した。

早雲の郷村支配を継承し、検地によって増した田地や没収した隠田《おんでん》を把握し、交通の要所に積極的に御領所（直轄地）を設け、その代官には信頼できる側近を任命し、それとともに伝馬《てんま》制度を整え領内物資の流通・輸送を整備していった。築城や寺社造営のために職人を集めて商人・職人の統制を行い、年貢とは別に諸役《しょやく》・諸公事《しょくじ》を課した。

だが河越城を逃れた扇谷朝定が、山内憲政と手を結んで反攻の兆しを見せ、今川軍との戦いも長期化するなか、天文一一年（一五四一）五月に三男為昌が死去すると、自らも病に倒れて七月に死去する。氏綱は若い氏康の将来を考えて死の直前の五月に五か条の訓戒状を作成し与えている。義を大事にすべきこと、侍から農民にいたるまですべてに慈しむこと、驕らずへつらわずその身の分限を守ること、倹約に勤めて重視すべきことなどである。

壬寅の検地と庚戌の徳政

父の跡を継承した氏康は三浦郡を直轄領とし、玉縄城の城主には氏綱の娘を妻としていた福島九郎の子北条綱成《つなしげ》を据え、河越城には大道寺盛昌を据えて上杉勢力に対応した。天文一一年、一二年（一五四二、三）に相模・武蔵の各地の検地を実施したが、次の文書はその検地をうけて宝生寺に提出された文書である。

堀之内の百姓中、壬寅《じんいん》の検地より以後、宝生寺江進置下地の事

百文の下地　（所々たう谷）太郎左衛門尉（花押）

参百文の下地　（田嶋）三郎えもん（花押）

弐百廿文の下地　（坂のわき）大三郎（花押）

四百廿五文　（まつはし・ねきし）定蓮坊分（花押）

右、以下合せて一貫四十五文の所、永代進置処、実正なり。たとへ地主かわり候共、違乱横合申すまじく候、よつて件の如し。

天文拾壱年（壬寅）十一月五日

壬寅（天文一一年）の検地の結果を経て、久良岐郡の堀之内の百姓が宝生寺（南区）に土地を寄せた寄進状であり、百姓中が花押を据えて寄進のことを誓約しているところに、その自立的動きが認められる。検地は領国支配の基礎となったばかりか、村や町の自立的な動きをも促すことになったのである。

こうして領国支配を固めた氏康は、天文一四年（一五四五）に駿河で争っていた今川・武田と和睦し、翌一五年に江の島に戦勝祈願を行い、両上杉氏が古河公方と結んで囲んでいた河越

城の救援に向かって、四月二〇日に勝利した。

この時に扇谷朝定が討死して扇谷上杉氏は滅亡し、氏康は古河公方晴氏を敵方についたとして責めたて、関東管領職を継承し領国支配の体制を固めていった。

天文一九年（一五五〇）には、領国全域で農民が村や田畠を放棄する逃亡が大規模に起き、「国中の諸郡退転《たいてん》」という深刻な状況が生じたことから、四月に荒廃した郷村の公事赦免令を発している。次に掲げるのは本牧郷に出された寅印判状である（「武州文書」）。


国中の諸郡退転につき、庚戌四月諸郷の公事赦免の様体の事

五百貫文　　武州久良岐郡本牧郷

右、諸点役の替として、百貫文の地より六貫文懸に出すべき趣、相定め候。然れば、本牧五百貫文、不入によりこの役銭弐拾貫文、六月・十月両度に御蔵へ納むべし。これ以後は昔より定め候諸公事、一つも残さず赦免せしめ候。細事の儀も申しつくべからず候。郡代・触口綺《いろい》有るべからず候。若しこの旨に背き、申し懸くる者これあらば、百姓御庭へ参り、直奏致すべし。但し陣夫・廻陣夫幷に大普請・玉縄城米銭をば致すべし。廻陣夫をば年中八貫文に夫銭を以て出すべき事

一、地頭・代官に候とも、百姓迷惑に及び候公事以下申し懸については、御庭へ参り、申し上ぐべきのこと。

一、退転の百姓還住候者には、借銭・借米赦免せしめ候。但し今日より以前の儀なり。今日より以後、欠落《かけおち》の者にはこの赦免あるべからざる事。

一、御印判無き郡代の夫、自今以後立つべからざるのものなり。よって件の如し。

天文十九年庚戌四月朔日

（本牧郷百姓中）

これまで様々に徴収していた公事（課役）に代えて六％の懸銭《かけせん》を賦課することとし、従前の諸公事を赦免し郡代や触口の介入を禁じている。本牧郷は五〇〇貫文の地であるから三〇貫文の役銭となるのだが、使者不入という特権を与えられていたので二〇貫文の納入を命じられた。御庭（小田原城）への百姓の直訴を認め、田畠を捨てて逃げた百姓が元に帰郷したならば借銭や借米を破棄するとしたが、今後の欠落については認めないとしている。徳政令ではあっても、陣夫や玉縄城の城米の納入は命じ、戦時状態には対処したものとなっている。

領国支配の達成

税制改革もこの機に行われ、小田原城、玉縄城、小机城、江戸城など城を中心とした支配権が整えられた。百姓に直訴を認めたことにも明らかなように、行政・裁判制度の整備が次の課題となり、寅印判状が天文二二年（一五五三）頃から奉書形式で、奉行人が北条氏当主（太守）

の命を奉じて出す形式のものが出されるようになった。
当初は鎌倉や上野など限られた地域に対して出されていたが、天文二四年（一五五五）になると、次のように各地でも出された（「紀伊国古文書」）。

矢野右馬助、息次郎との相論の事、父譲状もこれ無きの処、一跡の約諾と号して父子相論致す儀、言語道断非分に候。神奈川郷相拘《あいかかえ》候所々を始めとして、何も父右馬助次第に任せ、彦六に譲与すべく候旨、仰せ出し候状、件の如し。

天文廿四年正月二十一日

評定衆

石巻　下野守判

矢野右馬助殿

この寅印判状では評定衆の石巻下野守が奉じ、矢野右馬助父子の神奈川郷の地についての訴訟を裁許している。評定衆が奉行する印判状の初見であり、石巻家貞のほか笠原繭信、清水康英、狩野泰光、山角定吉、松田盛秀らが評定衆として、印判状により行政・裁判を執り行う体制が整えられたのである。永禄元年（一五五八）には印判状による伝馬手形が交付されて伝馬制度が本格化した。印判状による伝馬手形を掲げる（「大須賀文書」）。

伝馬弐疋《ひき》、相違無く出だすべし。大須賀式部丞用ふる所なり。一里一銭、法度のごとく彼の宰領前に出だすべきなり。よって件のごとし。

戊午　壬六月十八日　　　　　石巻奉
小田原より
下総迄各宿中

これは大須賀式部丞に与えられた手形で、「常調」という印字に馬の図案を上郭に配した朱印が押され、小田原から下総までに宿における通行を認めたものであって、これに応じて領国内の宿も整備されていった。

永禄二年（一五五九）二月になると、大田豊後守・関兵部丞《ひょうぶのじょう》・松田筑前守らが奉行して家臣らの諸役賦課の状態を調査したが、それに基づいて作成されたのが『北条氏所領役帳』（『小田原衆所領役帳』）である。小田原衆、御馬廻衆《おうままわりしゅう》、玉縄衆、江戸衆、松山衆、伊豆衆、津久井衆、足軽衆、他国衆、御家中衆《ごかちゅうしゅう》など衆別に計五六〇人の所領の領地とその貫高、負担すべき馬、鉄砲、槍、弓、指物、旗、軍役の動員数などが記され、これによって家臣や領民の負担が明確となり、家臣団や領民統制が円滑に行われるようになった。

上杉謙信の侵攻を凌いで

永禄二年（一五五九）、氏康は次男で嫡子の氏政に家督を譲って隠居したが、これは「永禄の飢饉」という大飢饉が発生したのと、代替わりとによる徳政を期したもので、隠居後も小田原城に留まり「御本城様」として政治・軍事の実権を掌握し、氏政を後見した「二御屋形《ふたおやかた》」「御両殿」と称される体制へと移行した。

上野国内の上杉方勢力をほぼ降伏させて上野国の領国化に成功し、越後に対しては越後からの出入口にあたる沼田城（沼田市）に北条康元を置いたのだが、翌永禄三年（一五六〇）五月、今川義元が桶狭間の戦いで織田信長に討たれたことから、時代は急激に動いていった。

今川氏の勢力が衰退するなか、上杉謙信が「永禄の飢饉」下の関東に侵攻してきたのである。関東管領の上杉憲政を奉じて三国峠を越えた謙信は、上野国の北条方諸城を次々と攻略した。これに対し氏康は九月に河越に出陣、一〇月には松山城に入って対応を指示し、小田原城に戻ると、玉縄城に北条氏繁、滝山城・河越城には北条氏尭《うじたか》、江戸城・小机城・由井城には北条氏照、三崎城には北条綱成、津久井城には内藤康行を在城させ越後勢に対抗した。

謙信は永禄四年（一五六一）二月に松山城、鎌倉を攻略し、三月には当麻《たいま》、中郡の大槻《おおつき》へと侵攻し、三月下旬に酒匂《さかわ》川付近に迫って小田原城を包囲した。しかし小田原城の防衛が堅く、越後勢も飢饉のために長期にわたる出兵を維持できず、北条と同盟を結んでいた武田信玄が信濃・川中島に海津城《かいづじょう》を完成させ信濃北部での支配領域を広げたこともあって、小田原から撤退した。

謙信は鎌倉に兵を引き上げる際、閏三月に鶴岡八幡宮で関東管領に就任し、足利藤氏《ふじうじ》（義氏の庶兄）を鎌倉公方に擁立したのであるが、一向一揆が越中で蜂起したため小田原城の攻略は断念し、六月に越後国へ帰っていった。北条勢は玉縄城、滝山城、河越城、江戸城、小机城、由井城、三崎城、津久井城等において、謙信の攻勢をよく耐え切ったのである。

氏康は臨戦態勢に備えるべく永禄七年（一五六四）に反銭《たんせん》を米で納める穀反銭《こくたんせん》を創設し、そのための公定歩合として永楽銭一〇〇文を米一斗二升から一斗四升へと定め、翌八年には棟別銭《むなべつせん》も麦二に対し永楽銭一の割合で納める正木棟別の制度を創設し、麦の公定歩合を一〇〇文につき三斗五升と定めるなど、銭納から穀物納へと転換している。

永禄九年（一五六六）以降、氏康は実質的に隠居し、息子達に多くの戦を任せるようになった。関東で優勢に戦いを進め、氏政が成長しつつあったからであるが、「武榮」の印判を用いて役銭の収納や職人の使役、子たちの後方支援は行っていた。この前後から氏政は左京大夫に任官し、氏康は相模守に転じ、氏康の家臣への感状発給が停止され、氏政への権力の委譲が進められていった。

3　戦国の横浜市域の村々

小机領の村

戦国乱世の動きを大名の動きを中心に見てきたところで、その治世下にあった横浜市域の村や町の動きを『北条氏所領役帳』（『所領役帳』）に沿って見てゆこう。

横浜市域北部（都筑郡・橘樹郡）を管轄したのは小机城であり、ここに結集した武士たちは小机衆と称され、その城主は「三郎殿」であった。記事は次のように始まる。

一　（小机衆）三郎殿

百七十六貫四百三十文　〈武州〉小机本郷

百廿四貫七百七十文　〈小机〉鳥山

所領を知行する武士とその知行高、知行の村の名を記しており、村が広く成立していたことがわかる。三郎は早雲の四男幻庵《げんあん》の子であり、笠原信為が天文七年（一五三八）に小机衆を率いて北条氏綱に従って房総の里見氏と戦った後、その譲状に基づいて同一五年一二月に子弥太郎に師岡郷の知行が認められているので、その信為の死後に三郎が城主に入ったものと見られる。この北条三郎の小机領は次のようになる。括弧内は現地名である。

小机本郷（港北区小机町・緑区東本郷町）・鳥山（港北区鳥山町）・保土ヶ谷（保土ヶ谷区保土ヶ谷町）・鴨居（緑区鴨居町）・茌下（緑区新治町）・恩田（青葉区恩田町）
小机猿山（緑区上山町）代官遠藤兵部丞
小机八朔（緑区八朔町）代官小野与三郎
小机本郷（小机町・東本郷町）代官蔭山又六
篠原（港北区篠原各町）代官金子出雲

極めて広範囲にわたっており、このうち代官の名が記されているのが小机城領と考えられる。掲げた村々のうち篠原村には篠原城の堀跡があり、土器が出土していて、金子出雲の居城であったという伝承がある。近くの長福寺の薬師如来像の胎内の銘に「名主　金子出雲」と見えることも報告されている。

三郎は永禄三年（一五六〇）七月に亡くなり、その跡は北条幻庵が後見する北条氏綱四男の氏堯が城主となった。『所領役帳』段階の氏堯の知行地は小机領では綱島（港北区綱島町）・箕輪（港北区箕輪町）のみだが、他地域に多くの知行地を持ち、小机城主になった後には、永禄四年閏三月に小机の雲松院に寺中と門前の竹木伐採を禁じる制札を出している。

小机城に編成された武士たちの市域の知行地をあげると、次のようになる。

曽根外記　山田郷（都筑区山田町）・大棚（都筑区大棚町）

曽根采女助　荏田（青葉区荏田各町）　吉田　石川郷（青葉区元・新石川町）
市野弥次郎　駒林（港北区日吉本町）　福田　大熊（都筑区大熊町）
猿渡　佐江戸（都筑区佐江戸町）　座間　茅ケ崎（都筑区茅ケ崎）
岩本和泉　二俣川（旭区二俣川）・今宿（旭区今宿各町）
中田加賀守　川島（保土ケ谷区川島町）・矢上（港北区日吉町）
長谷川　青戸（緑区青砥町）　長谷川弥五郎　成合（青葉区成合町）
座間新左衛門　折本（都筑区折本町）　笠原平左衛門　師岡（港北区師岡町）
増田　阿久和（瀬谷区阿久和町）・菊名（港北区菊名）

このうち市野弥次郎の知行する駒林郷では、小代官と百姓中に正木棟別銭の納入が永禄八年（一五六五）五月二五日の虎印判状で命じられている。前年には免じられていたが、この年は三分の二を玉縄城の蔵に納め、三分の二にあたる銭を小田原本城の庭に持ち寄るように命じられたのである。江戸時代の駒林村の金蔵寺《こんぞうじ》には、寺子屋の師匠である市野善兵衛の教え子の筆子が奉納した灯篭があり、善兵衛は市野弥次郎の子孫であろう。

座間氏の知行する茅ケ崎村には茅ケ崎城があり、村内の杉山神社は天文三年（一五三四）の「杉山大明神造立」と記された棟札があって、村の結びつきの核となっていたが、天台宗の正覚寺《しょうかくじ》も同様な機能を果たしていたものと考えられる。中田加賀守の知行する矢上には矢上城があり、加賀守は小机城主に従って各地の検地を行っていて、北条氏滅亡の天正一八年（一五九〇）に亡くなり、村内の保福寺に葬られ、子孫は村に土着していった。

笠原平左衛門が知行する師岡（港北区師岡町）は父信為から譲られたもので、村内の熊野神社には貞治三年（一三六四）五月に書かれたという縁起があって、文治二年（一一八六）書写と伝える大般若経もあるなど、村の結びつきを物語る文化財が残されている。

玉縄衆知行の村

横浜市域の北部の拠点の小机城に対し、南部の拠点は玉縄城であった。城は大船駅の西一キロ半の地、相模台地の南端に位置し幾つかの谷に囲まれた城郭で、東から南に向かって流れる柏尾《かしお》川を前にする天然の要塞だったので、上杉謙信の攻撃にもよく耐えたのである。
永禄六年（一五六三）、玉縄城の塀の普請は東郡・三浦郡・久良岐郡が五年に一度行うことが命じられており、城主はこの三郡を支配下に置いていた。『所領役帳』には「玉縄衆知行役」として「左衛門大夫殿」こと玉縄城主の北条綱成の知行分以下が掲げられている。
左衛門大夫殿　東郡村岡上下（戸塚区南部）・本郷木曾分（栄区小菅ケ谷町）・小机川和（都筑区川和町）・久良岐郡本牧（中区本牧各町）・東郡矢部郷（戸塚区矢部町）
間宮豊前守　久良岐郡杉田（磯子区杉田）・東郡小雀（戸塚区小雀町）・小机末吉（鶴見区末吉）

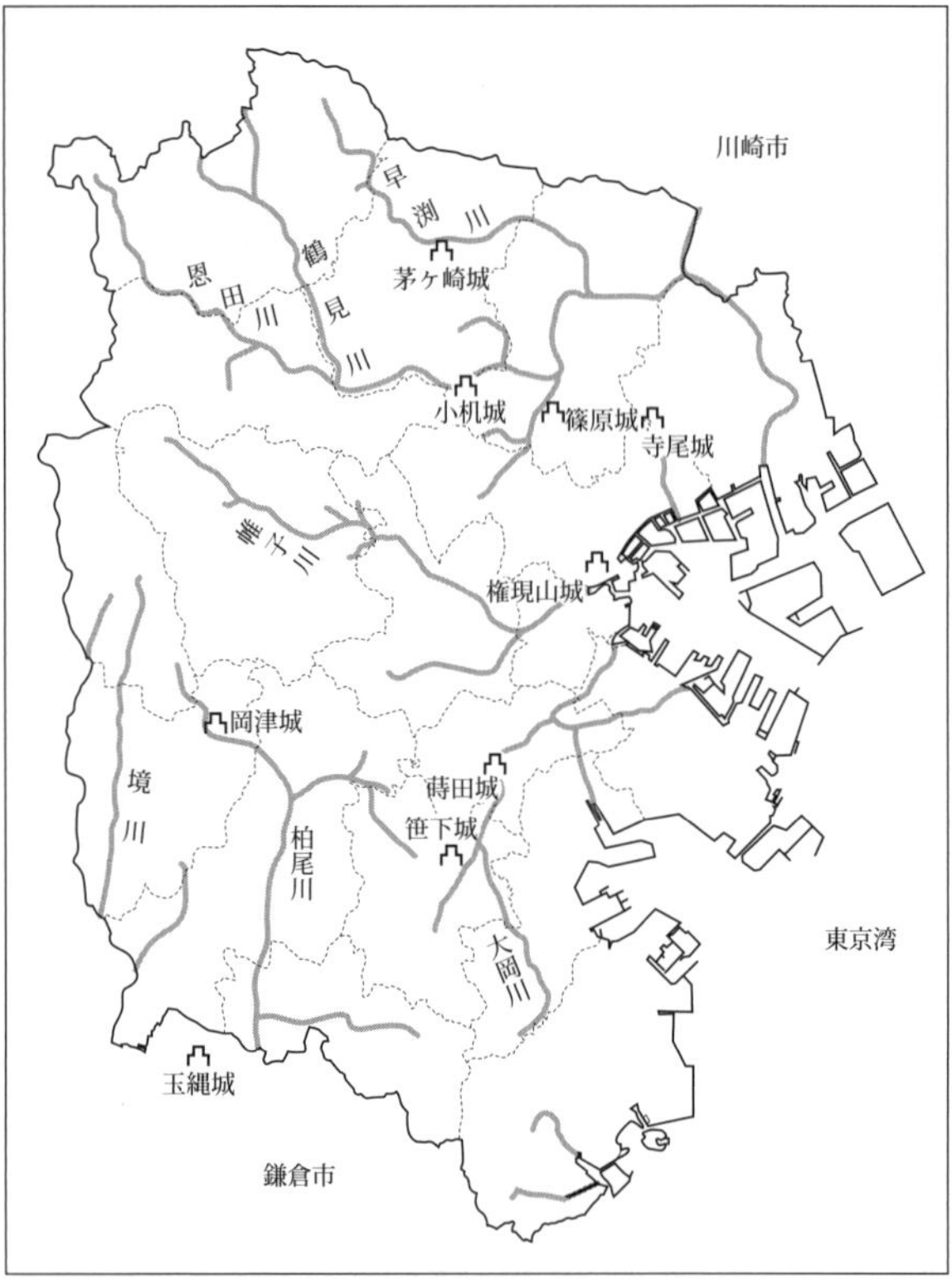

V・3　戦国時代の横浜市域の主な城郭

川上藤兵衛　東郡下飯田（泉区下飯田町）
福嶋四郎右衛門　小机奈良岡上（青葉区奈良町）
関新次郎　久良岐郡富岡（金沢区富岡各町）

綱成以外で横浜市域を知行している武士は少ない。綱成は、天文一一年（一五四二）に亡くなった北条為昌の跡を受け、氏綱の娘婿として為昌の養子となり、城主となったものである。知行する本牧郷は海上交通の拠点で、天文一九年四月には公事赦免令が出されており、天正四年（一五七六）、本牧郷から対岸の房総里見氏にも年貢半分を出してよいかという訴えが出されている。それは認められなかったが、海岸部の湊は北条・里見両方に従っていたことがわかる。ただ本牧から木更津への海上通行を認める通行手形が与えられている。

間宮豊前守の知行する久良岐郡杉田にも湊があった。豊前守は永正七年（一五一〇）に神奈川権現山城で奮戦した神奈川住人の間宮彦四郎の後裔《こうえい》であって、鶴岡八幡宮の再建のための材木はここに陸揚げされ鎌倉に運ばれたが、鶴岡八幡宮の料所でもあった。間宮氏の居城の笹下城（港南区）は上大岡駅の南にその跡が残る。

関新次郎が知行する久良岐郡富岡も海辺の村で、村内の富岡八幡宮は鎌倉時代の正中二年（一三二五）に安達貞泰が大般若経を寄せるなど古くからの由緒ある神社で、天正一四年（一五八六）の社殿を修造した棟札があり、村の結びつきの核となっていた。

玉縄城は三浦郡・久良岐郡を管轄していただけに海岸部を警護する武士や村と深い関係があった。その点から良港の金沢六浦を見ると、称名寺と北条玄庵が知行しており、金沢湊の洲崎村には交易商人の山口越後守が対岸の房総半島に出入りする特権を有して活動し、村内の龍《りゅう》華《げ》寺《じ》には山口彦衛門を施主とする大永四年（一五二四）の地蔵菩薩坐像がある。金沢の寺前村の金沢八幡宮にある永禄一三年（一五七〇）の本殿修築を伝える棟札には、寺前村代官の渡辺与助、町屋村代官の大須賀藤助らとともに村人たちが修築費用を寄せている。

江戸衆知行の湾岸部の村

横浜市域の海岸北部には江戸城に詰める江戸衆の知行地が分布していた。

太田康資　小机潮田（鶴見区潮《うしお》田《だ》町）・小机小帷（保土ヶ谷区帷子町）
諏訪三河守　久良岐郡寺尾（鶴見区寺尾各町）
上原出羽守　富部（西区戸部各町）・市郷（青葉区市ヶ尾
森新三郎　久良岐郡井土ヶ谷（南区井土ヶ谷各町）
萩野　久良岐郡大賀郷（港南区上大岡辺）
武田殿　六浦（金沢区六浦）
伊丹右衛門大夫　久良岐郡釜利谷（金沢区釜利谷各町）

上田豹徳軒　東郡長尾（戸塚区長尾台町）・金井（戸塚区金井町）
太田大膳亮　岡津（泉区岡津町）・矢向（鶴見区矢向）
小幡勘解由左衛門　小机大豆津《まめど》（港北区大豆戸町）

太田康資は太田道灌の曾孫《そうそん》で、資高《すけたか》の子、母は北条氏綱の娘、江戸衆の重鎮であったが、永禄五年（一五六二）に北条氏に離反して里見方に走ったため、その知行する潮田は入野光興に与えられ、村内の光永寺に入野氏の墓所がある。

諏訪三河守の知行する寺尾の馬場村にある寺尾城は、入江川に沿った丘陵に所在し空堀や土塁の跡が残されており、その空堀からは二〇〇〇枚近くの古銭が出土している。城跡の西の建巧寺の記録によれば、城跡の南にある白旗《しらはた》神社は永享七年（一四三五）に諏訪氏により創建されたという。寺尾には北条氏の直轄領もあり、永禄六年（一五六三）八月にその代官・百姓中に懸銭を増徴して小田原城に納めさせている。

上原出羽守は扇谷上杉氏に仕えていた出羽守が北条氏康に仕えるようになって江戸衆に加えられ、天文一五年（一五四六）に市郷を与えられ、城米役や棟別銭・反銭などの免除特権を得ている。同一七年には戸部も与えられた。菩提寺は市ヶ尾の朝光寺である。

伊丹右衛門大夫康高が知行する釜利谷には、室町時代から伊丹氏が本拠とし、郷内坂本の堀之内はその屋敷跡とされる。金沢の瀬戸神社から大山祇神を勧請して手子《てこ》神社を建てたといわれ、足利持氏建立の村内の禅林寺も伊丹氏が再建し、寺の梵鐘は房総半島の蔵波村八幡社から移されている。東京湾の水軍として活躍し、六浦の平潟湾に臨む地にも屋敷を構えていた。

太田大膳亮の知行する岡津には岡津城があって土塁や空堀が残っている。本拠地は江戸城下の柴崎（千代田区神田）で、父宗真は鎌倉浄智寺の梵鐘に「太田越前守三善宗真」と見える。小幡《おばた》勘解由左衛門《かげゆざえもん》の小幡氏は早雲に早くから仕え、天文年間に小机大豆津を与えられると本乗寺を小幡奉久が建立しており、大豆戸村の八王子社の西に屋敷があったと伝える。

小田原衆知行の町と村

北条氏の本城である小田原城に編成された「小田原衆」の知行する地も広く分布しているので、それらを挙げると次の通り。

六郷殿　小机筋星川・向星川（保土ヶ谷区星川町）　宇部左京亮　東郡本郷公田（栄区公田町）　松田左馬助　東郡笠間（栄区笠間町）

さらに「御馬廻衆」は小田原城に直属する武士たちであり、その知行地もあげておく。

間宮宗甫　小机神奈川（神奈川区）　朝倉又四郎　久良岐郡太田（南区南太田）
石巻下野守　小机多々久（南区弘明寺町）　谷泉　小机今井（保土ヶ谷区今井町）
岡崎修理亮　久良岐郡岩間（保土ヶ谷区岩間町）　菊地郷左衛門　岩間（保土ヶ谷区）

間宮藤太郎　東漸寺（磯子区杉田）　笠原藤左衛門　小机八朔（緑区八朔）
山角刑部左衛門　東郡富塚（戸塚区戸塚町）大草左近大夫　東郡下矢部（戸塚区矢部町）
井出兵部丞　東郡飯島（栄区飯島町）　久米玄蕃　東郡瀬谷（瀬谷区瀬谷町）

このうち間宮宗甫の知行する神奈川の地は斎藤分《さいとうぶん》とあって多くはないが、「御家中役衆」である矢野彦六の所領にも「百貫文　武州神奈川」と見える。文明一二年（一四八〇）の紀行文『平安紀行』には、「かの川にて」という詞書で「蜑《あま》小ふね軒はによする心ちして　なかめえならぬかの川の里」という歌が載り、連歌師宗牧の『東国紀行』は次のように記す。

ほどなくかな川につきたり。此所へもこづくへの城衆へいひつけられて。旅宿慶雲寺にかまへたり。長老出たまひて今日の宴をただにはなどあれば、

是もみしかな河つらの桃咲けふの春のやとりは

小机城と神奈川の関わりや慶雲寺（神奈川区）の存在が語られており、後に小机城主の北条氏規《うじのり》は、「神奈川の鍛冶新四郎」への棟別銭一七〇文を免除し、軍役を勤めるよう命じており、神奈川は小机城を支える重要な役割を果たしていった。

近くの権現山城は矢野彦六が拠点としていて、天文六年（一五三七）に矢野右馬助が「武州神奈川」を本貫地として知行を認められているので、彦六はその子であって、良港の神奈川湊を支配していたのであろう。矢野氏は神奈川湊に廻船の「日吉新造」と称する船が寄港したな

らば臨検するように命じられ、また材木の古河公方への転送を命じられるなど活動するなか、永禄九年に三崎城の城主となり、神奈川郷は三崎城の管轄下に入った。

権現山城の近くに青木城があるが、この青木を知行していたのは、「諸足軽衆」の多米新左衛門であって、足軽総大将の大藤秀信の配下として活躍していたものの、永禄四年に出陣の際の人数不足が咎められ、充足するように命じられている。

今につながる村と町

小田原城に直属する武士や足軽衆などの知行地は、横浜市域に広く分散配置されており、他地域の知行地と組みあわせて与えられていたのであるが、さらに戦国期の横浜市域で特筆すべきは北条幻庵の存在である。幻庵は早雲の四男で箱根権現の別当になったが、還俗して広大な所領を永正一六年（一五一九）に早雲から譲られている。

日野郷はその一つで二〇〇貫文の地であったが、『所領役帳』でも夫人とあわせて一九六貫文の地を知行しており、さらに金沢称名寺をも知行している。日野郷の春日神社は永正一六年、享禄三年（一五三〇）、天文一六年（一五四七）に修築されたことを物語る棟札があり、代官として山田氏の名が見える。幻庵は小机城の城主の後見をしたほか、玉縄城にも関わっていたが、娘の鶴松院は氏康の養女として蒔田城主の吉良氏朝に嫁いでいる。

大岡川の下流に沿う丘陵上に吉良氏の城跡があるが、吉良氏は三河の吉良氏の一族で、武蔵の世田谷郷の上弦巻《かみつるまき》を本拠としていた。文明一八年に万里集九が蒔田御所の吉良成高《しげたか》に会って、そこに二年間滞在している。吉良氏は曹洞宗の勝国寺を創建し菩提寺とした。成高の孫頼貞は大永四年（一五二四）の北条氏綱の江戸城攻略の後、北条氏に属し、天文二年（一五三三）には鶴岡八幡宮の造営に関わり、材木を蒔田から杉田浦に海上輸送し鎌倉に運んだ。『所領役帳』に蒔田領は記されていない。軍役や諸役が免除されていたからで、相当規模の所領があったものと見られる。永禄三年（一五六〇）に養子氏朝に家督を譲り、永禄五年頃に氏朝は幻庵の娘と結婚したが、その際に娘のため幻庵が武家の作法と奥向きの訓戒を『幻庵覚書』に記し、また娘の依頼で『太平記』を書写しており、それらは今に伝わっている。

北条氏の支配下にあった村や町の名は、明らかに今へと繋がっており、村の結びつきを物語る神社や寺もこの時期にははっきり現れるようになった。村を知行した武士がそのまま土着した例もある。諸所に所在した武士の城郭は防御の拠点ではあっても、横浜市域の政治的経済的な拠点となり、地域統合のシンボルともなっていた。実は戦国大名の権力はこうした村や町の発展に支えられて形成されてきたのである。

終章　横浜開港に至る三〇〇年

「国家」の形成

これまで日本史の流れを踏まえながら横浜市域の歴史を考えてきたが、以後の時代は世界史の流れをも踏まえながら考えてゆかねばならない。しかしそれを行うだけの紙数は尽きてしまった。そこでここからは明治維新までの動きの概略を示すことにする。

永禄一〇年（一五六七）、甲斐の武田信玄が子の義信を廃嫡して二重権力の状態を解消すると、照準を北条氏に定め相模に侵入し、小田原城に迫って包囲し撤退したが、翌年には駿河の今川氏を滅ぼした。

遅れていた畿内近国にあっても、永禄一〇年に織田信長が美濃に侵攻して本拠を岐阜に移すと、「天下布武」の朱印を用いて武力による天下一統を宣言、翌年に上洛を遂げ、ここから急速に時代が動いていった。

天正元年（一五七三）に信長包囲網を形成していた浅井・朝倉・本願寺・武田のうち信玄が亡くなると、信長は将軍足利義昭を追放して室町幕府を滅ぼし、浅井・朝倉を攻めて包囲網を崩壊させ、以後、流通経済の力を駆使して順調に勢力を広げていった。しかし天正一〇年（一五八二）に信長は武田氏を滅ぼし毛利氏を攻めたその最中、本能寺で明智光秀に攻められて自刃《じじん》する。

その跡を継承した豊臣秀吉は、統一政権の樹立を目指して同一五年（一五八七）に九州を平定すると、照準を関東に向けた。同一八年四月三日、豊臣秀吉は小田原城を包囲して、七月五日に氏直が降伏、小田原北条氏の支配が幕を閉じ、七月一三日に北条氏の旧領が徳川家康に与えられた。さらに秀吉は奥州仕置きにより国内統一を終えると、全国規模で検地を実施したのである。

こうして豊臣政権を経て、徳川家康による江戸幕府の形成へと帰結してゆくが、その間に大名は「国家」形成へと動いてきた。朝倉氏は「国を執りしより以来（中略）、諸卒を下知し、国家つつがなく候」と語り、北条氏は「軍法は国家の安危」、四国の長宗我部氏は「国家のため大小事に寄らず、悪事申し扱う者これあらば」と掟書に記している。

それは下剋上を克服しての国家の樹立であり、室町将軍から与えられたものではなかった。天文二二年（一五五三）に今川氏が制定した『今川仮名目録』の追加には、「将軍家天下一同御下知」の時とは違い、「只今はをしなべて、自分の力量を以て、国の法度を申し付け、静謐する事なれ」とある。国法を定め、検地を実施し、村の戦闘要員や町の職人を把握し、拠点となる城を築き、その城下に家臣団を集めるなど、独自の支配を達成したのである。

北条氏もこの国家形成に早くから動いてきたことはこれまで見てきたところであるが、元亀二年（一五七一）に欠落した百姓について「国法」に任せて人返しを命じており、天正一五年（一五八七）に北条氏領国への秀吉の侵攻が始まると、北条氏直は村の戦闘要員の把握に努め、さらに侵攻が迫ると郷村から城に兵糧を供出させ臨戦態勢を整えていった。

秀吉の太閤検地は実はこの北条氏の検地に倣ったものであり、北条領国を与えられた徳川家康がすぐに検地を実施しなかったのは、すでに検地による支配が行われていたからである。家康は北条氏の旧臣を登用し土着させるなど北条領国の体制を継承していった。神奈川県下で北条氏旧臣のうち徳川氏に仕えたのは一四〇家にのぼる。たとえば都筑郡台村（緑区）は小机城主で旗本となった笠原氏の知行地となった。

家職国家

戦国期に始まる「国家」とは、国と家とが結びついたもので、そこでの家は家職を継承するところの家、国は地域を統合しての国であり、家職国家とも称されるような性格を有していた。そのために大名はその権力の由緒を様々に求めた。小田原北条氏は鎌倉幕府の北条に、徳川氏は源氏の徳川に求めたのであり、さらにその権威を武威《ぶい》にもとめ、また神君などのように神威《しんい》にも求め、その威光を表現する城郭を建築し、荘厳する神社を創建し、華麗な行列を演出した。

大名の国家の下では武士や百姓の家職に基づく家が重層的に存在しており、そうした大名の国家を包摂する形で徳川の国家と公儀《こうぎ》が整えられた。これが「幕藩体制国家」と称されてきた体制の内実にほかならない。

それが安定するまでには、その間に秀吉の朝鮮出兵（文禄・慶長の役）があり、秀吉死後の慶長五年（一六〇〇）には関ヶ原の合戦があって同八年に家康が征夷大将軍になるが、その後も同一九年（一六一四）の大坂冬の陣と翌年の夏の陣、さらに徳川家光の時代には寛永一四年（一六三七）にキリシタン禁制にともなう島原の乱が起きるなど、戦乱が絶えることはなかった。

こうした一連の動きには、ヨーロッパの動きも大きく関わっていた。鉄砲伝来とともに戦術が大きく変化し、キリスト教の伝来とともに神仏の信仰への大きな影響、また南蛮貿易の隆盛などによる日本経済への影響などから、ついにポルトガル船の来航を禁じ、オランダ商館を長崎出島に移して、いわゆる「鎖国」を完成させたのであった。

横浜市域は江戸を中心に同心円状の直轄地に組み込まれ、江戸から五～一〇里以内が旗本領とされ、いくつかの段階を経て伊奈忠次《いなただつぐ》が久良岐郡と橘樹郡を管掌し、都筑郡は武蔵八王子に陣屋を持つ大久保長安《ながやす》が管掌した。天正一九年（一五九一）頃から検地も実施され、文禄三年（一五九四）には広範な検地により武蔵・相模の国境が境川とされた。ここに横浜市域は小田原城の支配圏から江戸城の支配圏へと移ってゆき、江戸を軍事的・経済的に支える役割を担うところとなった。

なかでも神奈川は江戸から七里の地にあり、その江戸首都圏南部の核とされていった。江戸と京都を結ぶ東海道を整備した家康は慶長六年（一六〇一）に伝馬朱印状を神奈川宿・保土ケ谷宿など東海道の宿場に発給し、伝馬三六疋の常備や次宿の指定、伝馬屋敷地の年貢免除などを定めたが、同九年には戸塚宿を宿場に認めた。

この東海道の宿のなかでも神奈川宿が重要な拠点となったことは、元和八年（一六二二）に神奈川御殿が建てられ、二代の秀忠、三代の家光の上洛の際に立ち寄っていることからよくわかる。東海道の行列と御殿は公儀の威光を示すものであった。

また検地は寛永年間と元禄宝永年間にも行われ、蔵米を与えられていた旗本に知行地が広く設定される「地方直《じかたなお》し」が実施され、裕福な村は旗本の相給《あいきゅう》となって何人かの旗本の知行地となったのである。

開明の時代

一六六〇年代になると、日本列島の西回り・東回りの海運が完成し、全国市場が成立するなか、それまでの戦国時代から続いていた武断政治から文治《ぶんち》政治への転換がはかられていった。経済

⑦　岩波文庫　岩波書店
和田清・石原道博共編訳『魏志倭人伝・後漢書倭伝・宋書倭国伝・隋書倭国伝』一九五一年
大橋俊雄校注『一遍聖絵』二〇〇〇年
⑧　竹内理三編『寧楽遺文　訂正版』上・中・下　東京堂出版、同『平安遺文』全15巻　東京堂出版、同『鎌倉遺文』東京堂出版
⑨　神奈川県県民部県史編纂室編『神奈川県史』史料編　全21巻　神奈川県　一九七〇年～
⑩　杉山博・下山治久編『戦国遺文　後北条氏編』全6巻　東京堂出版　一九八九年～
⑪　『真名本　曾我物語』東洋文庫　平凡社　一九八八年
⑫　石井光太郎編『影印「横浜文書」』横浜市教育委員会　一九八七年
〈編著書〉
横浜市編『横浜市史』全10巻　横浜市　一九五八年～
神奈川県県民部県史編集室編『神奈川県史』通史編　全7巻　神奈川県　一九八一年～
「図説・横浜の歴史」編集委員会編『図説・横浜の歴史』横浜市市民局市民情報室広報センター　一九八九年

神崎彰利・大貫英明・福島金治・西川武臣『神奈川県の歴史』山川出版社　一九九六年
鈴木靖民編『倭国と東アジア』（『日本の時代史』2）吉川弘文館　二〇〇二年
横浜市ふるさと歴史財団編『横浜　歴史と文化』有隣堂　二〇〇九年
財団法人かながわ考古学財団編『掘り進められた神奈川の遺跡』有隣堂　二〇一〇年
下山治久『横浜の戦国武士たち』有隣新書　二〇一二年
同『戦国大名北条氏』有隣新書　二〇一四年

〈著者文献〉

『躍動する中世』（『全集日本の歴史』第五巻）小学館　二〇〇八年
『中世の身体』角川学芸出版　二〇〇六年
『書物の中世史』みすず書房　二〇〇三年
『日本史の新たな見方、捉え方』敬文舎　二〇一二年
『人物史の手法』左右社　二〇一四年
『文学で読む日本の歴史　古典文学篇』山川出版社　二〇一五年

日本史のなかの横浜
平成二十七年八月三十一日　第一刷発行
著者　五味文彦

発行者――松信　裕
発行所――株式会社　有隣堂
本　社　横浜市中区伊勢佐木町一―四―一　郵便番号二三一―八六二三
出版部　横浜市戸塚区品濃町八八一―一六　郵便番号二四四―八五八五
電話〇四五―八二五―五五六三
印刷――図書印刷株式会社

ISBN978-4-89660-219-7 C0221
定価はカバーに表示してあります。
落丁・乱丁はお取り替えいたします。

デザイン原案＝村上善男

有隣新書刊行のことば

　国土がせまく人口の多いわが国においては、近来、交通、情報伝達手段がめざましく発達したためもあって、地方の人々の中央志向の傾向がますます強まっている。その結果、特色ある地方文化は、急速に浸蝕され、文化の均質化がいちじるしく進みつつある。その及ぶところ、生活意識、生活様式のみにとどまらず、政治、経済、社会、文化などのすべての分野で中央集権化が進み、生活の基盤であるはずの地域社会における連帯感が日に日に薄れ、孤独感が深まって行く。われわれは、このような状況のもとでこそ、社会の基礎的単位であるコミュニティの果たすべき役割を再認識するとともに、豊かで多様性に富む地方文化の維持発展に努めたいと思う。

　古来の相模、武蔵の地を占める神奈川県は、中世にあっては、鎌倉が幕府政治の中心地となり、近代においては、横浜が開港場として西洋文化の窓口となるなど、日本史の流れの中でかずかずの歴史的事象や、人間と自然とのかかわり合い、人間と人間との出会いの場として、絶えずスポットライトを浴びた。

　有隣新書は、これらの個々の歴史的事象や、人間と自然とのかかわり合い、ときには、現代の地域社会が直面しつつある諸問題をとりあげながら、広く全国的視野、普遍的観点から、時流におもねることなく地道に考え直し、人知の新しい地平線を望もうとする読者に日々の糧を贈ることを目的として企画された。

　古人も言った、「徳は孤ならず必ず隣有り」と。有隣堂の社名は、この聖賢の言葉に由来する。われわれは、著者と読者の間に新しい知的チャンネルの生まれることを信じて、この辞句を冠した新書を刊行する。

一九七六年七月十日　　　　　　　　　　　　　　　有　隣　堂